U0931765

全心信箱

李耀全 著

時代論壇
CHRISTIAN TIMES LTD

▼

時代論壇書系

全心信箱

Soul Searcher, You've Got Mail!

作者
李耀全

責任編輯
甄敏宜

裝幀設計
莫可雅

■

聯合出版

基道出版社
香港沙田火炭坳背灣街26號富騰工業中心1011室
LOGOS PUBLISHERS
Unit 1011, Fo Tan Ind. Centre, 26 Au Pui Wan St.
Shatin, Hong Kong
電話：(852) 2687-0331　傳真：(852) 2687-0281
網址：http://www.logos.com.hk

基督教時代論壇週報
香港九龍荔枝角道808號好運工業中心1206室
CHRISTIAN TIMES
1206, 12/F., Goodluck Ind. Centre,
808, Lai Chi Kok Road, Kowloon, Hong Kong.
電話：(852) 2785-7688　傳真：(852) 2785-8335
網址：http://www.christiantimes.org.hk

發行
基道出版社

承印
海洋印務有限公司

●

9/03初版

Cat. No. LP343

ISBN 962-457-244-5

Printed in Hong Kong

目錄

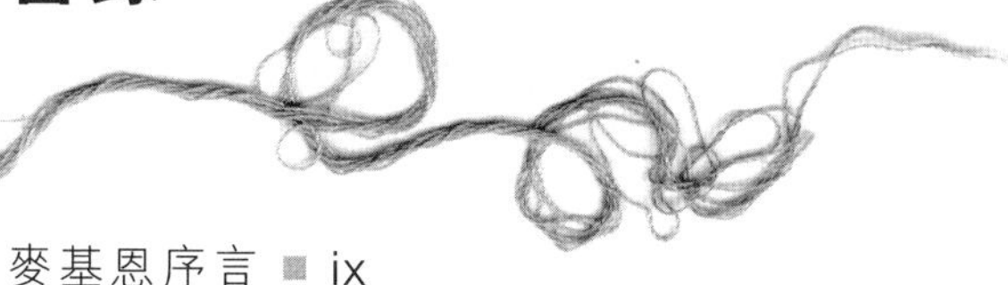

教會張力

信仰疑難

個人成長

戀愛婚姻

麥序

《時代論壇》在過去多年不斷變更，為信徒提供了聖經及屬靈書籍以外之餵養。就個人之觀察，論壇內之專欄〈全心信箱〉，是少數長壽專欄之一，這證明它深受編者及讀者之愛戴，更反映李耀全牧師之勤奮，停不了之筆耕。

事實上，在教會及社會中實踐基督徒之見證及影響，必然會遇到信仰及生活、個人及群體之疑惑，很需要一個精簡又實用之屬靈答案。李牧師以輔導心理之概念，加上神學教牧之體會，確實提供了心靈的滋補湯。若能慢慢思索，與弟兄姊妹討論，向牧者傳道請教，定能吸收得更徹底，有助靈命成長。

故此，信箱結集成書是非常順理成章的。期望信徒（甚至非信徒）善加利用，助己助人！

麥基恩

執業精神科醫生

李序

信仰的追尋常以Why（為何）開始，經過不同階段的經歷、思考、體驗，從而進入How（如何）——用信仰來盛載生命，而不在解說生命。

信仰與生命的磨合，同樣會產生不少問題，特別是在現實生活中如何實踐信仰，常令許多基督徒陷於自設的疑惑，教會的教導通常是單向進行，講原則，談理念，甚至抽離現實，流於空泛。

李耀全牧師負責的〈全心信箱〉專欄，是《時代論壇》歷久彌新的專欄，每週解答讀者一個問題，幾年下來，處理的答問數以百計，除了令讀者得益外，也帶動了華人教會傾向保守的對話文化，敢於處理信仰生活的冰封疑難、燙手山芋。

基督徒的問題很多，問問題的基督徒亦不少，用一千幾百字去處理，有時難免會將複雜的問題簡單化，李耀全牧師每能以扎實的聖經基礎，豐富的閱世經驗，關愛的牧者情懷，全心全意去紓解求問者的疑難與鬱結，成為一個多元互動的信仰平台。正所謂一理通，百理明，答問的增值能力往往超乎篇幅的限制。

作為《時代論壇》的主編，也是〈全心信箱〉最忠實讀者，每星期走過一段文字的約會，讓屬靈的長者理順生活的起跌與阻塞，結伴行天路，豈不快哉。

李錦洪

自序與導言：神啊，聽我的禱告！

〈全心信箱〉顧名思義原是以「全心」為名，以信箱為型式的專欄。它的特色是以讀者的問題為題材，以聖經神學和心理學問並重為解答的原則。相信這是每一位《時代論壇》讀者所周知。《時代論壇》現將2002年7月至2003年6月每週的文章加以整理編修，匯集成書，好讓更多不同的讀者能分享作者與讀者的對話。這書已是〈全心信箱〉的第四本匯編[1]。

自從五、六年前〈全心信箱〉誕生後，數以百計的讀者曾執筆來信求問，分享他們心裏的疑慮、信仰的疑惑、生活的疑難。故此我們可以說這專欄與匯編其實是讀者（與本人傾談）的作品。不少時您們亦回應我給您們的答覆，也有其他讀者加入對話。專欄能維持至今，全因讀者對生命的熱愛，不斷的探索，務求活得更快樂、更積極和更有意義與目標。故此我必須在此向數百位來信者致謝。沒有您們的誠實及滿有思考的提問，便沒有〈全心信箱〉的專欄，也不能出版這書了！其實您們的問題也就是千萬信徒的心聲、心靈的呼喊！來信者可說是一班不斷努力上進的信徒之代言人。

最近我一位優秀的門生（資深的女傳道）突然要處理教會所發生的危機事件——她所栽培深愛的一位年青有為的會友突然在外國公幹回程遇難離世。除了要面對自己的憂傷外，她同時亦要堅強地協助死者的家人，輔導那些深受這事件影響的會友。她自己正在哀悼的同時，還要安慰他人，真是談何容易！當她向我求助的時候，我給她其中的一個建議，是透過默想詩篇中的哀詩作為輔導哀傷的方法。

詩人往往在極度哀傷或困惑當中向神發出呼求與吶喊，在神面前盡情地發出呻吟、從心底徹底地發出傾訴，將自己的苦況與苦衷毫無保留地向神陳明。在申訴的過程中，詩人從不隱藏自己的疑惑、負面的情緒，甚至對神的不滿與質疑。其實這亦是神在我們「受欺壓」(或在悖逆中)向我們的呼聲。耶和華說：「你們來，我們彼此辯論……」(賽一：18)。神並不是高不可攀，雖然祂是大而可畏。祂有的是尊嚴，不是專制，並且滿有慈悲與憐恤。像對以色列人一樣，神對我們說：「我的百姓……所受的困苦，我實在看見了；他們……所發的哀聲，我也聽見了。我原知道他們的痛苦」(出三：7)。詩人伸訴的心態以至獲得解脫的進程可以成為我們哀傷的輔導，亦可以成為我們今日向神求問的途徑，就讓我們進一步分析這途徑。

呼求：「神啊……聽我的禱告！」(詩四：1)。是詩人最常發出的呼求。詩人稱神是公義的、是王、是耶和華、是盾牌、是公義的審判者等，這都反映出詩人在不同的處境中對神有不同的期望。例如在耶和華救大衛脫離一切仇敵和掃羅之手的日子，大衛向耶和華說：「耶和華我的力量啊，我愛祢！耶和華是我的巖石！我的山寨，我的救主，我的神，我的磐石，我所投靠的。祂是我的盾牌，是拯救我的角，是我的高台。我要求告當讚美的耶和華，這樣我必從仇敵手中被救出來」(詩十八：1-3)。從以上詩人發出的呼求，我們可見他對神火熱的愛心，亦看出他視神為他的保障、庇護所、避難所和他的力量(「角」，動物以角為武器)。今日我們同樣可以認定神為我們一切困境的救主，像詩人一樣向神呼求。讀者及信徒對神的認識是靈命成長的第一步。

申訴：詩人在神面前盡情傾訴，把他的痛苦向神陳明。無論是敵人、敵人的議論或攻擊、困苦、疫病或逃難等，詩人都毫無保留地告訴神。他們甚至埋怨神──「耶和華啊，祢為甚麼站在遠處？在患難的時候，為甚麼隱藏？」(詩十：1)。詩人往往把敵人的惡毒數出來(當中還不停地咒詛)，然後呼求神不要忘記屬祂的人──「耶和華啊，求祢起來；神啊，求祢舉手，不要忘記困苦人。惡人為何輕慢神，心裏說：『祢必不追究。』其實你已經觀看；因為奸惡毒害；祢都看見了，為要以手施行報應……」(詩十：12-14)。我們對神的認識與我們現實生活的差距令我們不能不回到神那裏訴苦，這也是信徒在疑惑中的必經之路。信徒往往以為負面的情緒與感受是錯的，但其實我們所信的神是明白我們的苦楚，耶穌「祂自己既然被試探而受苦，就能搭救被試探的人」(希二：18)。信徒可以放膽向神傾訴。

信靠：詩人由申訴進入表達對神的倚靠。「耶和華啊，早晨祢必聽我的聲音；早晨我必向祢陳明我的心意，並要儆醒」(詩五：3)。這信義並非一般的信靠，而是在苦難中的依靠，是現實的、腳踏實地的。信徒的靈命也是一樣，經過考驗的信心才是真正的信心。這信靠往往是與某些經歷所得來的肯定連在一起。

祈求：詩人的祈求是非常具體的，正如他發出的申訴與信靠一樣。他的體驗告訴他，神是無微不至，祂亦關心我們生活上一切大小事情。詩人對神説：「耶和華啊，求祢起來！我的神啊，求祢救我！因為祢打了我一切仇敵的腮骨，敲碎了惡人的牙齒」(詩三：7)。無論是求神搭救的呼求，或是求神解答的求問，信徒也可以一一向神祈求。

感恩：從申訴至感恩，這是哀悼和解困的進路。它往往是一個漫長的過程，不是一朝一夕可以達到。詩人的承諾，是讚美神。詩人説：「我要照著耶和華的公義稱謝祂，歌頌耶和華至高的名」(詩七：17)。我們親近神，不但要尋求祂的面，祈求問題得到解答，至終我們要將榮耀頌讚都歸給祂。

不是每一篇哀詩都整齊地包含這五方面，故此筆者亦嘗試用不同的詩篇來突顯各主要的重點。重要的是在運用這些詩時，我們從不同的角度進入更全面的默想。同樣在面對我們的痛苦與疑惑，我們也學習用不同的觀點與角度思考問題，並尋求解答。這書也就是這種屬靈探索的五十個例子與個案。盼望以上的導言能幫助我們的探索，包括個人的屬靈探索，或是集體如主日學、團契的探討。

自序不能缺少的，當然是感謝的説話。今年筆者已踏入在香港參與神學工作的第十個年頭，這本身已是值得感恩的事。我感謝神讓我在這些年日當中除了教學之外，還參與專業輔導、教會事奉、輔導訓練及文字工作。我説這些並不是為要證明能者多勞，相反是要指出我能在這些事工有份，完全是因為背後的支持者。我要多謝的是在背後一直支持我的賢內助美華和為我處理文字與行政的張楠枝姊妹。功不可沒的當然是每週幫助我的《時代論壇》執行編輯甄敏宜姊妹，這次將每週的稿件匯篇成書亦是她的功勞！最後還要多謝社長李錦洪弟兄和麥基恩醫生為本書寫序。與您們一起參與文字工作，是我事奉中一大喜樂。願榮耀頌讚都歸給天父。

李耀全

2003年9月1日

注釋

1 其他有《全心為您解疑難》(卓越，1999)；《沿路有祢》(更新資源，2001)；《靈程歷奇》(天道，2003)。

教會張力

我不是鼓勵信徒要無故反抗權柄，而是認為信徒不須盲目接受權威，因為無論是牧者或信徒，我們都是在同一個權柄之下——神的權柄。

我相信每一次新的循環其實是帶來新的學習機會。正如知識有不同的深淺，真理有不同的層次，經歷有不同的體會。我們應該不停地長進，離開知識的開端進到智慧的深處。

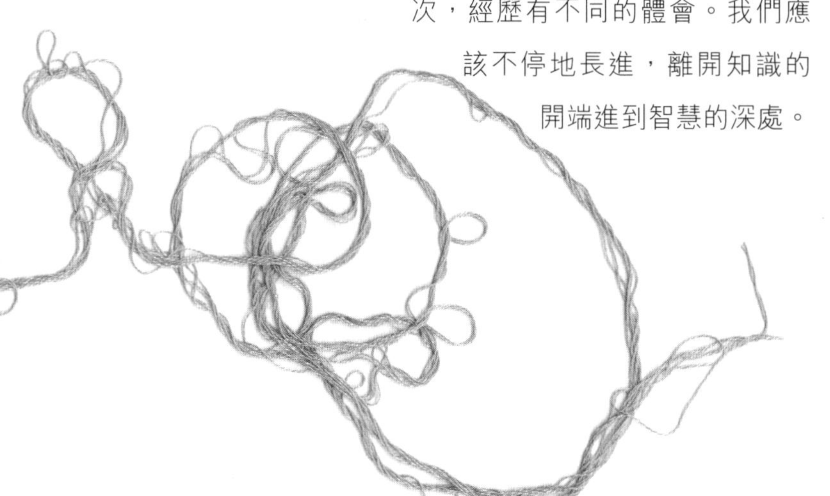

教會不問世事？

李牧師：

您好！最近本人拒絕了為家人購買《蘋果日報》，因為本人很討厭這份報紙，不知這會否矯枉過正，令家人和基督教距離更加遠。事實上，本人感到撒但的勢力愈來愈大，現在放眼街上的資訊，色情風氣的開放程度，已令不少人感到麻木。面對巨大的裸露海報，我們基督徒都好像束手無策，惟有避而不看。

究竟教會圈子是否不問世事的呢？我們是否要像耶穌說：「忍耐到底，必然得救」？我們到了末世時代嗎？面對經濟衰退、戰爭等事情，我們感到無能為力，而教會就推我們去傳福音、事奉等。信徒都終日為口奔馳，能返教會安靜地親近主已是莫大的恩典，教牧們是否真的不知世間事、不知信徒所面對的衝擊呢？

Helen上

Helen：

謝謝您的來信！從您字裏行間，可見您持守信仰的努力，又感受到您面對教會內外衝擊之壓力。一方面您要抗衡來勢洶洶的不良社會意識，另一方面又要應付教會繁重的事奉，使您疲於奔命！

首先讓我與您討論一下有關外來社會的衝擊。市面有兩三份包括《蘋果日報》的報章是充斥了色情與暴力的內容和報道手法，令市民天天受這些不良傳媒的影響。另外市面亦充滿著一些以暴露美女為題材的廣告，叫人不斷要面對眼目情慾之引誘。坦白說，這種社會風氣比世界各大城市更差，尤其是香港主要報紙中的風月版，其開放程度比其他城市實在有過之而無不及！您為了不買這些報紙而與家人發生衝突實在是非常不幸的事，要逆水行舟是不容易呀！不過無論別人如何麻木地接受，基督徒也不該無奈地跟隨。「忍耐到底」並不是叫我們容忍不義而默默無聲。

面對這問題，首先要自己持守崇高的價值觀，清楚自己的立場和保守自己的心。主耶穌教導眾人說：「從外面進去的，不能污穢人；惟有從裏面出來的，乃能污穢人」(可七：15)。耶穌並不是否定外來的污染，乃是指人內在的善惡思念才是真正罪惡的關鍵。換言之，無論外面是如何污穢，只要我們小心保守我們的心思意念，外面的污染便無法入侵。那些玩弄少女風姿美色的海報，我們是無法視而不睹。

另外，您亦可以採取一些積極的行動來抗衡這些傳媒污染。例如作父母的可以買一些更正氣、更有誠信的報章，若您沒有選擇，便可將一些色情的版頁抽起，不讓兒女在家受這些不良風氣影響。您亦可以盡市民監察傳媒的責任，支持如明光社等的相關組織。在教會裏，您可發起一些討論，使會眾對這些問題更敏鋭，知道如何分辨好壞及智慧地選擇每天的閱讀。

對著這些問題，教會是否坐視不理或束手無策呢？我想我是明白您的無奈與煩惱，但我相信這是因為教會不曉得如何回應而不是不願回應。在過去一段日子，福音派的教會正確地強調個人救恩及傳福音的重要。但教會要記得耶穌不但拯救我們，更要我們在世為祂作鹽作光作見證，故此我們要不屬世而又不脱世。耶穌説：「他們不屬世界，正如我不屬世界一樣。求祢用真理使他們成聖，祢的道就是真理。祢怎樣差我到世上，我也照樣差他們到世上」(約十七：16-18)。

以上的話固然是要我們明白在世為主作證的重要。但主耶穌卻先祈求神「用真理使他們成聖」。我們要先在教會得到牧養，在聖言中成長，才有生命力為主而活，教會千萬不要本末倒置。盼望您先在主裏歸回安息，等候主的更新。因那等候耶和華的，必從新得力(賽四十：31)。祝

以馬內利

主僕

李耀全

教會在肺炎事件中退縮？

李牧師：

你好，近日非典型肺炎的侵襲，政府和市民都飽受困擾，真要求神憐憫。眼見福音派教會在這事上手足無措，除了教導會友一些基本衛生常識及安排崇拜時的衛生秩序外，最多都是發起一些祈禱會等，感覺就像雅各書所說：「你平平安安的去罷，願你穿得暖吃得飽」。更令人感慨的，是一些教會還停了崇拜，而本人的教會也停了所有助導會及團契。主不是教訓我們在末世的日子及災難時更要儆醒緊守嗎？這樣做合乎聖經教導嗎？

過往十多二十年，香港人都過著富裕的生活，教會、傳道、會友嬌生慣養，在安穩的日子隨時高談闊論，高舉主基督。相反在考驗臨到了，就抱頭鼠竄，平日大談委身，今日個個惜身，豈不知世界的危機正是教會的契機嗎？教會不趁機站出來負起時代先知的重責，還等待何時呢？

Peter上

Peter：

謝謝您的來信，亦欣賞您提醒基督徒在非典型肺炎蔓延香港的危機中可以多「站出來負起時代先知的重責」。能在這非常時期多為主作有效的見證人固然是一件美事，但在採取行動上我們實在要有愛心，也要有智慧。

您的勸喻來得非常及時，我亦明白您的感受——不願作一個惜身自保、袖手旁觀、有言無實的基督徒，但是我卻不完全認同您對現時教會所作出的回應措施之評語。據我所知，教會已響應官方的指引，做足各樣的預防措施防備受病毒感染或傳染，都是正確的。至於這些措施(例如要赴會的人帶備口罩、頻密洗手、取消非主要的聚會等)是否過敏或是否有效卻見仁見智。但避免肺炎擴散卻是人人有責，寧願在此事上錯在過分小心(當然不是恐慌性地執行)，也不願錯在疏忽。

若這些預防的措施都是與社會其他人同步進行、共同努力對抗病魔，那麼就不該受雅各書所言的感到不安。因為這些措施都是為人為己，與公共的利益有關。

至於香港教會的信徒是否嬌生慣養、高談闊論、在考驗臨頭便無影無蹤，我並不敢下這判斷。有這樣的基督徒當然不足為奇，但我相信大多數的基督徒若有好的教導和指引，是會願意負起基督徒在世的使命和責任的。

其實這正正是今日眾教會合力以行動作出回應的好機會。事實上，除了祈禱運動之外，各教會組織已有所行動，例如有機構設立熱線為有需要人士疏導情緒及作出靈性關顧；亦有機構網站製作肺炎特輯，也有機構送出十萬個口罩給有需要的基層人士。

除以上基督徒專業人士及聖工人員的服務外，我個人亦認為教會及信徒在作預防措施之餘，還可多作一些愛心的行動，不該像個半關閉的醫院，相反該成為一個像舊約聖所般的避難所，在嚴謹的預防措施下開放教會給大眾和會友，提供守望代禱和支援協助，為醫務人員代禱，多鼓勵「放假」的青年人參與「抗炎行動」的義工行列，讓眾人從基督徒的行動中看見耶穌。信徒可以多用電話、電郵彼此問安守望。

非典型肺炎的蔓延是可怕的，但更可怕的是恐慌的蔓延。香港人正在面對香港是否成為疫埠而充滿焦躁不安。基督徒首先要自己有指望，然後與別人分享這指望。「只要心裏尊基督為聖，以祂為主；常常作好準備，去回答那些問你們為甚麼懷有盼望的人」（彼前三：15；新譯本）。祝

事主有力

主僕

李耀全

講壇沒有供應如何是好？

李牧師：

本人自小已返教會，但近年發覺牧師及教會同工的講道信息不知所謂，空談理論，與世隔絕，缺乏實際生活中的應用與教導，真的感到毫無得著、靈命枯萎！我曾參與其他教會的聚會，發現情況大大不同。我現在處於一個兩難的情況，一方面我愛我的教會，但如得不到牧養，留下來我的靈命也命不久矣！

我教會的小組內容是根據主日信息來討論，但弟兄姊妹已經不知如何分享及與自己日常生活拉上一點關係。李牧師，我們可以作甚麼呢？

無奈信徒上

無奈信徒：

教會講壇的供應是教會最重要的屬靈餵養。一間餐館如有好的菜式就會使餐館顧客如雲、高朋滿座，顧客如吃得津津有味，一定會繼續光顧。同樣，教會講壇若有好的供應必會吸引很多心靈飢渴的人，因為有好的靈糧就等如享受最好的菜式。先知耶利米説：「耶和華萬事之神啊，我得著祢的言語，就『當食物』吃了；祢的言語，是我心中的歡喜快樂，因我是稱為祢名下的人」(耶十五：16)。神的話比蜜更甜，是愛主的人都渴望得到的。

讓我嘗試進入您的困境。正如您所說，您正在兩難之間，留在教會恐怕會靈命枯竭，離開教會您又會失去您所愛屬靈的家！關鍵是怎樣得到您所需要的靈糧。首先我認為離開您所屬的教會該是最後的選擇，迫不得已才採取這行動，原因是有一個有歸屬感的屬靈羣體與有屬靈餵養是一樣重要。講壇供應不足，是可以透過個人讀經、小組查經、屬靈閱讀與其他資源得到彌補，但與您一同成長的肢體卻是無法取替。

從您信中的資料來看，您和其他弟兄姊妹最不滿的是講道信息不切實際，沒有生活應用，故此在小組討論的時候發覺不知從何入手，不知如何使經訓能適切生活的需要。若這是真的話，問題確是講者缺乏釋經講道的能力。有效的講道是要將經文的核心思想應用在有關當今的處境，而關鍵是如何有效地築一道橋把兩者連起來，它的祕訣是找出經文的骨幹，然後把它延伸到今日的情況。

講道好像廚師的廚藝，有好有壞，實不能強求。不過，食物可以加上調味品，您亦可以加上一點努力和功夫，例如在講道前自己先默想經文，問自己昔日作為聽眾或讀者的領受是甚麼，然後問經文今日對您的意義何在。我相信用積極一點的態度來聽道，總會有一點得著。

我認同您的感受，不過我也想給您一點提醒。餐館的菜式好味，但不一定有益，往往會油鹽過多、味精太多！家常便飯往往較為清淡，但卻是真材實料，充滿營養。生活性的講道不是次次都動聽，重要的是有真理與生活的結合。我希望您和弟兄姊妹不要過於要求講道有趣味和有生活應用而忽略真理的詮釋，因為兩者都是同樣重要。多為傳道人禱告，求神給他們能力分解神的話。祝

愛主更深

主僕

李耀全

教會聚會沉悶，講道東拉西扯

李牧師：

本人返教會十多年，都是同一間教會，近兩年大學畢業後，覺得社會變化很大，但教會的聚會十年如一日，各種聚會圍繞十個八個大主題，例如傳福音、靈修、關心人等，其實那是很美好，但年復一年，漸感無奈和沉悶。主日崇拜我只為了敬拜神才去，講道內容東拉西扯又膚淺，常要以忍耐去等候二、三十分鐘。

還有，牧者對待富有與貧窮的弟兄姊妹的差異，跟未信的人分別不大，我怎能尊重他們？我曾嘗試到另外一間教會聚會，發覺情況也很類同。

我知道屬靈的事，不應用世俗的眼光去判斷，所以懇請李牧師指導，讓我願意繼續留在教會。願神祝福你！

Joni上

Joni：

Joni，您像不少讀者都是熱愛教會的人，看見教會有這麼多不喜歡的現象實在是一件痛苦的事。看來您對教會有以下的不滿：一、教會崇拜沉悶；二、講道欠吸引力；三、牧者忽視一般普通(不富有)的信徒。您正在考慮是否離開教會，不知如何是好！真希望我的回應能幫助您。

Joni，您自小便到教會，故此對教會瞭如指掌。教會的不同焦點對您來説在年間周而復始，早已失去她們的吸引力和新鮮感。然而您自己卻知道各活動重點與主題「其實……是很美好」，故此您實在感到非常矛盾。教會的發展沿著順序的循環——向外和向內、向下和向上，是理所當然的。其實您對這些活動習以為常也是自然的，不過我相信每一次新的循環其實是帶來新的學習機會。正如知識有不同的深淺，真理有不同的層次，經歷有不同的體會。我們應該不停地長進，離開知識的開端進到智慧的深處。保羅昔日對歌羅西教會的信徒就是這樣為他們禱告——「願你們在一切屬靈的智慧悟性上，滿心知道神的旨意……在一切善事上結果子，漸漸的多知道神」(西一：9，10)。教會生活是否沉悶是關乎我們屬靈的狀況，我們須要由內而外不斷地更新。

當然，教會也絕對有責任，絕對不可閉關自守，墨守成規。教會需要緊扣時代的脈搏，以永恆不變的真理回應幻變無窮的社會。正因福音有不斷創新的生命力，牧者便有責任發掘福音中生命力的奧祕，把它展示給新一代的慕道者及跟隨者。神的真理是歷久常新，而每次主日崇拜就是新的機會去認識和體驗更多神的真理。每主日就是神人相聚寶貴的約會。既然您「只為了敬拜神才去」，那就願您專心仰望神。假若傳道人果真講道「東拉西扯」，請您先為他們代禱(並且可以寫張問候卡讓他們知道)，有得著時亦多給他們鼓勵(讓傳道人知道信徒的需要)。有些傳道人實在是缺乏自信，但這不就等如他們不會進步。故此傳道人該多爭取機會進修和進深。

至於傳道人不該偏心待人和以貌取人，但願我們都緊記我們因信基督耶穌，都是神的兒女，再也不分彼此，一樣承受產業。

Joni，您是一位年青有為的基督徒，受過高深大專教育，對社會又有觸覺，對教會又有認識。故此您不須感到無奈，可以多為教會出一點力。教會是您屬靈的家，她的興衰，您當有責！祝

愛主更深

主僕

李耀全

牧者講道不行道，領導教會欠質素！

李牧師：

教會現時由兩位傳道人帶領，但是他們都不見得有傳道人的質素，可以培育肢體靈命成長，更遑論使命感了。他們的講道往往都是斷章取義，而且講道不行道。

最近教會因遷堂的事反反覆覆，其中一位傳道起初卻稱是神的心意，但結果未能成事，之後對事件收了的奉獻又沒交代清楚。這豈不是欺騙？！

此外，他們對堂委等重要的人就恭之有禮，但對弟兄姊妹卻只有批評論斷，沒有愛心關懷的輔導。李牧師，我該離開教會還是留下呢？我對奉獻亦心有不甘……該如何是好呢？

主的小羊上

主的小羊：

坦白說，當我看到您的信時，心裏有點難過。自己也是傳道人，故此看見會友對傳道人深感不滿實在有點心痛！假若您所說有關傳道人的事為實，這實在是神不喜悅的！令我難過的，是這類問題我已答過不止一次，難道在傳道人中這類問題是那麼普遍?! 讓我們將問題逐一分析吧！

首先，我們看看有關傳道人質素的問題。主耶穌對僕人(牧者)的期望乃是「忠心和善良」。祂自稱是「好」牧人，而好牧人為羊捨命。故此作傳道人最重要的條件是「忠心」、「善良」和有「捨己」的精神。「忠心」是指忠於所託，把神所賜的恩賜發揮出來，把託付的事工做到盡善盡美。「善良」是指品格與行為正直，有誠信並顯示神的位格。「捨己」是指捨身為人的心態，正如謝婉雯醫生犧牲自我醫治SARS病人一樣。傳道人的質素不應以他們的能力衡量，甚至不是以恩賜多少來作判斷。他們的質素該是以「忠心、善良、捨己」為準則，決定他們是否配作別人的牧者。從這角度來看，要知道今日的傳道人是否比上一代的傳道人遜色(包括你的傳道人在內)，從他們的「果子」我們便能分辨；不過，其實每一代的傳道人都有好有壞。我個人擔心的是這一代的傳道人是受了世俗的價值觀和處事手法所影響，故此我們要加緊重拾「僕人領導」的原則。

至於講道不力，這一點是令我有點迷惑。今日的神學生比以前的神學生有更好的訓練。今日的傳道人在講道的預備上有更多的資源。問題在哪裏呢？其中一個原因可能是今日的傳道者未能深入了解平信徒日常生活的需要，故此給人的感覺是紙上談兵。另一個原因則可能是在預備講章時，過分倚賴工具而未能深入掌握經文中的生命信息。再者，若講道不行道又怎能叫人聽道而行道呢！

談到堂址搬遷或擴建的問題，無論是因僭建而要清拆或地方不足而要搬遷，問題其實不是在硬件的爭議上，乃是在於會友（與傳道）的屬靈光景。當堂會面臨一些重要的抉擇時，她的屬靈健康狀況就表露無遺，凸顯她的強弱。您教會的堂址問題都把教會的問題浮現出來，例如傳道人的忠誠、會友對傳道人的不信任等。要處理堂址的問題便要先面對傳道人與會友之間的心病。

我相信我了解您的心情。眼見教會荒涼，弟兄姊妹靈命枯乾，實在是一件痛苦的事。但現在不是考慮去留的時候，教會正需要像您這樣關心教會的人為教會把關！我建議您連同其他關心教會的領袖找您母堂的屬靈長者分享您們的擔憂，共同尋求出路。至於奉獻，這是給神的，無論在順境或逆境，教會仍需要發展下去。若教會因弟兄姊妹不支持而陷入經濟困境，最終損失的仍然是弟兄姊妹呀！在這時候，您要專心仰望神。主是教會的頭，祂必看顧您們。 祝

主恩常在

主僕

李耀全

我的牧師見高拜、見低踩！

李牧師：

你好，在主內向你問安！我牧師的態度令我內心甚為疑惑，故想與你分享及希望你能解答一些疑問。

我的牧師一向給人的感覺是很看重權勢，而且霸氣甚是，對著輩分較他高的，就會恭恭敬敬，但對著他不喜歡的，就不予理會。如果牧師看重你的話，就算你做錯事亦不會受到責罵。相反，若不看重你，你便可能會受到一些不必要的責罵。所以平時弟兄姊妹在牧師面前只會打個招呼便走了，說話也不敢講多句，如沒要事最好都不接觸……。

希望你能為我解答或提點以下問題：

一、 我開始抗拒與牧師接觸，但這也不是辦法，我應該怎樣面對這位牧師？

二、 聖經教導我們要愛護弟兄姊妹、包容、接納……，但我從牧師身上卻看不到這些，難道牧師真的可以任己而行？

一位姊妹上

一位姊妹：

會友尊敬牧師是應當的，但當牧師的言行舉止令會友對他產生抗拒，會友又怎辦呢？我身為牧師，清楚知道信徒對我的尊敬不是必然的。假若牧師厚此薄彼，尤其偏袒有權有勢的人而輕看刻薄那些身分低微的人，這的確是與聖經的教訓背道而馳。聖經多處指出弟兄姊妹該彼此敬重、互相扶持——「愛不可虛偽……要以手足之愛彼此相親，用恭敬的心至相禮讓……要彼此同心，不可心高氣傲，倒要俯就卑微的」(羅十二：9，10，16；新譯本)。除了保羅以上的話之外，雅各亦提醒我們不可重富輕貧，憑外貌高貴與否待人。雅各告訴我們：「這不是你們對人有歧視，成了心懷惡意的審判官嗎？……如果你們憑外貌待人，就是犯罪……」(雅二：4，9；新譯本)。主耶穌親自用比喻教導，我們作在一個最小的身上的善舉，就是作在主的身上了(太廿五：40，45)。相信基督徒，無論是平信徒或傳道人，對上述的聖經教導，都該有一定的認識，因為我們都知道在基督裏我們都成為一體，沒有高低之分。

讓我先答您第二條問題，因為若您所說有關牧師的行為是真的，以上的經文是清楚告訴我們，無論是誰，這種偏袒歧視的行為是不可接納的。這種教會政治不能造就弟兄姊妹，更不符合基督博愛的精神。可惜這確是不少教會及基督教機構的問題。這些原是信徒彼此服事的地方，卻變成重視權勢的地方，甚至是明爭暗鬥、爭權奪利之所！身為羣羊的牧者當然是不該捲入這種情況。

那您又該怎辦呢？「敬而遠之」可能是最「安全」、減少衝突的方法，但卻對教會牧者與信徒緊張的關係無濟於事。保羅勸勉我們要盡力與人和睦……不可被惡所勝，反要以善勝惡(羅十二：18，21)。我建議您找一些您能信任的屬靈長者或導師傾談，先檢討自己，然後預備自己的心來面對這困境。長者或導師若同意您的看法，便可以向牧師反映您和弟兄姊妹的感受與看法。這些人可以是教會的長執，因為他們理當料理教會的事，但卻不一定是長執，因為不是長執的好處是不涉及教會權力架構，減少了衝突的機會。當然，向牧師作出提示要「用愛心説誠實話」，最好盡量低調，不要挑起牧師防衛的反應，讓他有機會改變。若牧師沒有反應，你們惟有逐步提升勸戒的步驟(太十八：15-16)，但務求以善勝惡。眾人看為美的事，就努力去作，包括提醒、勸勉、復和……等。牧師也是人，他需要您們的鼓勵、提醒與支持。祝

彼此相愛

主僕

李耀全

牧者離職，捨棄羊羣，不近人情！

李牧師：

牧師一家從香港來本市快三年了，最近牧師決定了不續約。本來「勉強沒幸福」，牧者、羊羣各有對錯，牧者決定離開也不可改變。但他們將於明年一月尾才離去，且寧願參加本地西人教會，也拒絕續約。

想請教李牧師，在現有事工中缺乏人手之際，又未找到新牧師上任，再加上國語事工終於開始有成果（人數穩定，也成立了執委），他的做法是否有點不近人情？

另外，他向羊羣交代時，只說近一年來得到很多確定，需要進修，但依個人所見，國語事工正是近半年蒙神祝福。其實，「由神帶領」可以有哪幾方面較具體的指標（如讀經、外在眼見等）？

羊上

羊：

非常高興近來較多收到外地的電郵！從信中的資料看來，您現時的教會是在香港以外一個西方國家，雖然對您的情況有點陌生，但盼望我沒有會錯意，對您的提問仍有適切的解答。

牧師離任往往是教會最頭痛的事。正如您所言，牧者與羊羣各有對錯，牧師既已決定離開，事實也不能改變。但您的信卻足以顯示當事人（無論是羊羣或是牧者）總會在心裏仍留下一些情意結或情緒。牧師在教會處於一個非常特殊的地位。身為牧者，他是一個屬靈的父親。正如家庭的父親有養育兒女之責，不能隨意離開兒女，牧師也不能隨意離開羊羣。聖經清楚告訴我們，耶和華譴責那些失職的牧者——主耶和華這樣説：以色列眾牧者有禍了！他們只顧牧養自己。牧者豈不應當牧養羊羣嗎（結卅四：2）？耶和華還要以這類牧者為敵，向他們追討受害的羊（結卅四：10）！耶和華亦要親自作羊羣的牧者，主宣告：「我必親自牧養我的羊，親自使他們躺臥」（結卅四：15）。這些喻言首先是應用在以色列國的身上，也是現在應用在教會。牧者的責任是無可推諉的！

從以上的言論，若牧師真的要離開教會，逗留牧養的時間也不宜太短。因為雖然您牧師一家到您們教會牧養只是短短三年，您們對他必定有一定的期望，願望達不到又當然會失望，這是理所當然的。尤其是您教會的國語事工又剛有起色，這時您們十分需要牧養。青黃不接，沒有牧人，羊羣豈不是會四散，這正是您的顧慮！況且牧師還沒有離開您們的城市，他又怎能對您們現時的需要坐視不理，袖手旁觀呢?!

在這回信一開始，我便說我不全明白您們的情況，但我可以相信您牧師也必定有他的苦衷。他由香港到您們那裏事奉，故此是帶著宣教的角色。他和他一家是否在適應上一直有困難(例如語言、文化等)？三年的牧養是否使他真的筋疲力盡(不是人人都有宣教的恩賜)？牧師與教會的領袖是否有些隱藏著的衝突？牧師是否有些難言之隱？有時作牧師的，真的是求助無門，既不能向會友表白，又沒有一些他能信任的人解開他們的心結？惟有靜靜地離開事奉的崗位，對會友亦是有口難言！故此會友也要了解牧者的苦衷！

在您的情況，牧師完了他三年之約(可能包括假期)而不續約，從教會及牧師兩個角度都可能是妥善的辦法。若任何一方有不滿的地方，約滿而不再續約其實是處理問題的辦法。至於以「神帶領」及「進修」為理由，可能是其中較易交代的原因吧了！故亦毋須介懷，是官方理由也好，是其中一個理由也好，要緊的是主的教會被建立起來！其實在「人人皆祭司」(即人人可事奉)的觀念下，您們絕對可以擔起牧養的工作，不用等別人(或牧師)才進行。就算現時牧師還在任，他主要的任務仍是以裝備信徒為主，不能代替信徒自己參與事奉。不要灰心，勇往向前吧！祝

以馬內利

主僕

李耀全

教牧薪酬與工作表現掛鈎

李牧師：

你好！本人一向被教導傳道人不是僱工，事奉不是為了薪金；又一向被教導執事是傳道人的同工，而不是僱主；教會對傳道人的經濟支持不是薪金，而是供應傳道人生活所需，使他能專心傳道。但最近執事會因教會的奉獻收入下降，提出執事會要每年為傳道人做工作表現考核，做得好才加薪，做得不好便減薪。請問你認為這種做法是否合乎聖經原則？你對這做法又有甚麼意見？

無奈小傳道上

無奈小傳道：

傳道人沒有大小之分，但您「無奈」的情緒卻是真實的。在現時香港經濟低迷的處境，教會奉獻收入下降，執事因此要考慮削減傳道人的「薪金」可能是迫不得已的。不過對一些本來「薪金」已是不高的傳道人來說，這確實會帶來不少生活上的難處。故此這實在是不易解決的問題。

傳道人不是僱工的確是聖經的教導。主耶穌親自說：「我是好牧人，好牧人為羊捨命。那作僱工不是牧人的，羊也不是自己的，他一見狼來，就把羊撇下逃跑……因為他是個僱工，對羊羣漠不關心」(約十：11-13；新譯本)。故此傳道人非僱工的觀念是正確的。但「事奉不是為了薪金」與「傳道人的經濟支持不是薪金」並不是等同。前者指事奉的動機並非金錢，而後者否定傳道人每月所得的收入是薪金。我個人認為傳道人不是獲利而事奉，但他的工作卻是有應得工資(路十：7；提前五：18)。「工資」或「工價」(今日稱「薪金」)是名正言順的。保羅提醒信徒，要加倍敬重和供奉傳道人，尤其是因為傳道人的勞苦(提前五：17)。因此傳道人只要忠心事奉，得到合適的薪金是合理的，不須介懷。當然，我們的事奉亦要誠實無過，謹記彼得的話——「不是出於勉強，而是出於甘心；不是因為貪財，乃是出於樂意」(彼前五：2)。我相信您是認同這原則的。

雖然傳道人(牧者)非僱工是正確的觀念，這卻不等同他所得的薪金不可按需要有所調整。例如，若教會財務漸漸穩定下來，教會可以增加傳道人的福利或薪金。按同樣道理，財務不穩亦可能要考慮調低同工的工資。畢竟在現時經濟環境來看，任何一個工作的人都要面對這種可能性。從牧者非僱工的理念來看，這不但沒有違背它的意念，相反正是符合它的精神，因為牧人是願意犧牲自己來照顧羣羊，而與羣羊共度時艱正正是非僱工的牧者甘心樂意做的事。當然，教會也不該隨意地削減牧者的工資，寧願盡可能削減其他開支，也不要立刻考慮減人工來平衡收支。對教會來說，這是不容易作的事，因為事實上，教會同工的薪金佔了教會開支的一大部分，故此凍薪或減薪到最後可能亦是在所難免。

不過我個人卻是對傳道人薪金的遞減與他的工作表現掛鈎有很大保留。這是因為評估傳道人的工作表現可以是非常主觀(不似僱主在商界有更具體評估的方式如利潤和工作效率等)。再者，傳道人因此會經歷很大的壓力，甚至為討好人(不是討好神)而工作！事奉的果效有時不一定即時可見，屬靈生命的果實更是不易量度。對牧者的要求是對主忠心，不是考核他工作是否出色。這不是說我反對同工評估(如何作評估是另一大課題)，我是反對它與薪酬掛鈎。教會需要把經濟財務的問題與同工的表現分開處理，做一個好管家。傳道人有清楚聖經教導後，就該把薪酬的問題交給主，主必供應！祝

福杯滿溢

主僕

李耀全

教牧享安息年理據何在？

李牧師：

我自小在教會長大，現為教會執事。也記不起從哪時起，新來的牧師要求在他服務滿六年後，給他有安息年假。當年香港經濟發達，教會有錢，就接受了這安排，也請了一位傳道人來代主任一年。但時至今日教會已有多位同工，他們好像在輪流享用安息年假。現時教會經濟壓力很大，加上香港前景迷茫，失業的也有不少，很多人開始質詢執事會應否停止這樣的福利。

請問教牧同工放安息年假，是否有聖經根據？合理嗎？應如何處理才不至令教會破產。

焦如焚上

焦如焚：

從您字裏行間和採用的筆名看出您為教會的焦慮，深深感受到您心如火焚的苦況。身為教會執事，您實在擔心教會的經濟狀況。

讓我們先從聖經看「安息」與「安息年」的觀念，然後討論這些觀念在教會傳道人身上的應用，最後處理此事在今日香港經濟不景之氣候該有的應變(不至讓教會破產)!

相信您已知道,基本上「安息」的觀念是源於工作的神學觀念——神在祂創世的模式內工作六日,第七日便「安息」(shabath),從每天日出而作日落而息,至每週守安息日的誡命,我們看出神創造精心的計劃——「安息」除了是配合生命的旋律,使身體在疲乏後可以復原,還有更重要的意義,就是在一週勞碌之後,將第七日分別為聖(出二十:8-11)。

正如第七日是安息日,舊約聖經將每七年的最後一年看為安息年(sabbatical year)。這觀念有三個作用:

一、讓田地有機會歇息。舊約時代的以色列人主要是以農業為生,神吩咐祂的子民在第七年不耕不種,讓泥土可以更肥沃,而田中未收割的食物可讓窮人得益,剩下的亦可讓野獸有得吃(出廿三:10-11)。故此安息年(除了休息之外)是一個環保的計劃。

二、其次,安息年是「豁免年」,是債主豁免負債者的時候,為減少窮人的壓力,給他們生機(申十五:1-2)。

三、最後,舊約的安息年是為了釋放奴僕。當一個奴僕服事了六年,他就在第七年獲釋,讓他自由選擇去留(申十五:12)。

由以上三個情況來看,安息年在以色列人社會有舒緩社會窮困人的壓力的作用,減少貧富懸殊的問題,不單單是為工作者安息的機會。安息年是讓所有人（無論是主或僕）都有歇息的空間。

今日社會的情況與昔日以色列人的情況大大不同，故此我們不可能直接應用以上的原則。在西方國家，安息年的觀念最主要是在一些高等學府實行，讓教授有機會休息作研究或進修寫作，為要不斷提升學術水平。近年神學院教授及一些教會牧師亦開始有機會享受這種福利。若這些人好好利用安息年的時間進修成長，這本是一件好事，對受益者有幫助，而在安息年後受益者亦理當給他的羣體更大的回報。

問題卻是現時在香港經濟低迷的情況下，教會能否仍舊給教牧同工這樣的福利呢？我的看法是在非常時期我們該有應變的措施，同工亦該暫時放下他應有的「權益」與會友共度時艱。「安息日是為人而設的，人不是為安息日設立的」（可二：27）。同樣，安息年並非在任何情況都要硬性執行，否則便會失去它的意義了。要謹記，需要安息的不單是教牧同工，會友也同樣需要。我建議教牧同工自行把安息年延遲或縮短，待日後再補償。這樣教牧與會友便更融洽，同心合意，興旺福音！祝

主恩常在

主僕

李耀全

如何作個稱職的執事會主席？

李牧師：

對一個新一年及第一次走馬上任的教會執事會主席，您對我有甚麼建議？

可否請您介紹有關教會管理的好書籍，其中提及教會各種事工的職責、傳道人的職責及待遇，包括安息年、進修等事項的討論。

有關教會的帶領，有沒有一個您認為較理想的行政組織架構可以作參考？

學達上

學達：

要擔任教會執事會主席並不容易。但我看出您羨慕聖工的心志和謙卑學習的心態，故此我相信神必定祝福您的事奉。事奉技巧固然重要，但首要的還是事奉者的生命，正如神揀選大衛作以色列子民的牧者時，大衛便「以真正的心牧養他們，靈巧地引導他們」(詩七十八：72；新譯本)。

近年教會增長專家和學者對教會領導有不少研究。最受注意的理念當然就是「僕人領導」(servant

leadership)。耶穌為門徒洗腳便是耶穌作領導的圖像。耶穌自己教導「……誰想在你們中間成為大的，就要作你們的僕役；誰想在你們中間為首的，就要作你們的奴僕。正如人子來，不是要受人的服事，而是要服事人，並且要捨命，作許多人的贖價」(太廿：26-28；新譯本)。

除此觀念之外，最重要的是「授權領導」(empowering leadership)，即將領導的權力授予他人，讓他人分擔領導的責任及分享領導的祝福。本人認為今日華人教會在領導的問題(無論是教牧或是「平信徒」領導)，就是如何不讓權力集中在個人身上。今日華人教會不缺乏出色的領導，但絕大部分的領袖都有意無意地把權力集中在自己身上。這種「無意」，很多時是基於領導者個人的責任感和使命感，又或者是別人把權力完全放在他身上，因為我們對長者或能者的尊重，形成「眾望所歸」及「能者多勞」的心態及情況。當然亦有人是「有意」的，這多是基於個人的權力慾，以傳福音為名，卻以權勢(power)為旨(腓一：15-17)。我說這話是盼能藉此互勉，不要陷入領導人的陷阱。坦白說，本人認為這是華人教會領導上最嚴重的問題。

最新的理念是「教練領導」(coaching leadership)，顧名思義，是以「教練」的身分及角色，培養別人成才，透過不同屬靈操練，鍛煉信徒，將他們的潛質與恩賜發揮出來。典型的例子就是巴拿巴和保羅的師徒關係，巴拿巴總是在保羅背後支持他。後來保羅也同樣提拔提摩太。這是很有意義的領導模式。

學達，我並不是逃避回應您的問題，因為我認為以上才是領導理念的核心。有了以上的基礎，其他主要還是需要在實踐時能有智慧去處理。市面有關教會領導的中文書籍不多，一般書室都會有推介，恕不在此多佔有限篇幅。而事工的分配、傳道人的職責與待遇是因教會而異，不能一概而論。盼您能提供您教會一些資料，讓本人能更具體作答。我建議您向一些同宗派或友好教會索取他們的資料作參考。這些事務不是絕對的，故最後還是要按您們實際情況決定。

至於教會行政組織架構與理想，亦因教會背景不同而有差異。我猜您教會是小型會眾制的教會。若然，本人鼓勵您身為執事會主席要多與傳道人溝通合作。在一些事務性的工作又與會眾分擔；在屬靈餵養上支持牧者；在教會一些大方向要與全體共商；在行政架構上要有清楚的問責性。要緊的是，行政架構是為人而設，人不是為架構而設。盼能再與您更具體交流意見。祝

事主有力

主僕

李耀全

執事指生晒，教會一團糟

李牧師：

我教會的牧師只會在主日與會友交談，在平日則甚少關心會友，牧會大概只是他的一份工作而已。執事常指揮傳道人去幹這幹那，傳道人很怕事，故此總會聽從，教會的混亂往往由此而起。若他沒有察問是否神的心意而聽從人，那神豈不變成了金牛犢？有些人因教會架構混亂而離開，有些新人因得不到餵養而離開。我覺得自己除了禱告甚麼也無能力去做，請問我如何可以多行一步？

我的男友看不過眼，經常跟傳道人說，但每次都措詞嚴厲。我提醒他只可勸傳道人，不可如此不客氣，否則誰會聽得進耳?! 但他認為自己說的只為神的道，事無不可對人言，為何要轉彎抹角？男友剛修畢神學碩士，是否知識令他自視過高？或是我婦人之仁？

Angel上

Angel：

近來收到不少讀者的來信，都是有關信徒對牧者有意見而又不知如何處理的問題。教會弟兄姊妹的難處往往是怕向牧者提意見或異議，擔心會冒犯了備受尊重的牧者或令他難堪，但假若忍氣吞聲、默默禱告，又似乎無濟於事。身為傳道人，我首先要向弟兄姊妹致歉，您們給我們的尊敬往往是我們不配領受的。盼望您給我們多一點忍耐，但千萬不要停止向我們鼓勵與提醒。年前有信徒用一個英文首字母縮略詞(acronym)「bpwmghnfwmy」(Be patient with me, God has not finished with me yet)，來形容每一個信徒應有的態度，意思是請對方多點忍耐，因為神在他身上的工作還未完成，就讓我們彼此容忍。與我同作傳道人的，我亦盼望您們持開放的態度，務求更了解信徒，亦讓自己不斷成長。

Angel，我不認識您的牧師，但若您在信中所提的是真的，似乎他是一個缺乏自信的人，以致他未能全面關心會友。但從您信中的資料來看，似乎另一問題是教會人事與組織的問題，因為牧師像是完全被動，受執事任意「指揮」，並且您又兩次提到教會的「混亂」。我認為教會行政架構是絕對須要平衡牧者、平信徒領袖與會友三方面的權力與責任。若權力集中在牧者，他極之容易濫用權力而失去問責性。若權力集中在長執身上，往往牧者便不能發揮他的領導與牧養的恩賜。若權力集中在會眾手上，教會往往便會走上「大眾化」(popular)的路線而不一定是「正確」的路線。當然每一種模式都有它的利弊，但平衡的權力分配便能提高問責，促進教會應有的羣體精神。至於怎樣才是聽從神而不聽從人，這卻是在任何架構都須要持守的原則。假若您教會在架構上已有問題，即已受執事任意擺佈，傳道人便只得按章辦事了！這樣，首先要處理的，是教會的架構，然後才處理牧者的表現。反過來説，若問題真的是在牧者身上（故執事不得不插手協助），那麼我們便要想辦法協助牧者成長，面對自己的軟弱。

Angel，您認為問題的關鍵在哪裏呢？

您男友是「正氣凜然」或是「心高氣傲」，本人是無法識辨。但似乎從您給我的資料看來，他目前的手法並未能達至預期的效果。教會問題仍然存在，弟兄姊妹仍因各種理由離開教會。聖經教導勸勉別人時，要用愛心説誠實話，也就是説要用愛心道出真理。我們先要肯定事情的真相，用聖經真理的原則分析實況，然後用愛心仁慈的説話道出我們的看法。要記得，我們可以理直氣壯，但這不等同措詞嚴厲，出口傷人。有時據理力爭反而會弄巧反拙，得不償失。我不是要您男友吞吞吐吐、轉彎抹角，耶穌亦教導我們是就説是，不是就説不是。基督徒也不能作面面俱圓的人！不錯，知識會令人高傲，但真知識和智慧卻使人謙卑下來。真正有神學知識的人是不會心高氣傲的，您認同嗎？祝

愛人如己

主僕

李耀全

專橫導師

李牧師：

李牧師好，本人之教會在三年前來了一對夫婦，他們熱心事奉，積極參與教導及栽培工作，兩年前更作了我們的導師(職青團契)。本來是件好事，可惜他們十分自信，認為除了他們外，沒有人在屬靈上有好的教導及根基，包括教會的傳道人。現在我們面對的問題，是來年沒有團友願當團契職員，因怕了他們的專橫及不肯接受意見，我們也曾向他們表達這情況，可是他們並不接納！我們可以作甚麼呢？

隱蔽的小團友上

隱蔽的小團友：

您信中提及的情況實在令您和其他團友束手無策。這對熱心事奉的夫婦似乎有唯我獨尊的心態，使他們的熱心弄巧反拙，不但得不到如期效果，反而令團友不敢或不願事奉！假若您所說是真的話，這實在是很可惜的事！您們愛自己的團契，實在不忍心見到團契因與導師有分歧而失去團結，這是我能體會的。不過，在「處理」

問題之先，您們亦要自我檢討，看看自己有甚麼地方可以改善。其中可反省的包括是否有謙卑受教的心和是否有學習成長的心志等。無論主要問題是否在對方身上，自我省察是十分最重要的。

在這些肢體的問題上，聖經是有清楚的教導。使徒保羅對腓立比教會說，有些人事奉是出於嫉妒、紛爭和自私，動機並不純正，使傳道人感到煩惱。但信徒卻要以寬容的心態看待這些人。從使徒保羅的角度來看——「基督總被傳開了，為此我就歡喜」(腓一：18)。無論是甚麼，我們總要向神問責，故此保羅提醒腓立比信徒「行事為人應當和基督的福音相配」(腓一：27)。這是首要的。

但以上的話不是等於保羅認為信徒之間不能協調這問題是不須改變的。他繼續呼籲弟兄姊妹要因在基督裏的關係而同心——「不要自私自利，也不要貪圖虛榮，只要謙卑，看別人比自己強」(腓二：3)。保羅又使用學者認為是使徒時代所用的一首基督詩歌——高舉基督道成肉身、自甘卑微作眾人的僕人所留下的榜樣——來教導信徒，並以提摩太和以巴弗提忠心和無私的事奉作為例子。

在組織的角度來看，教會乃屬自願羣體，不像其他公司或機構有清楚的上司及下屬關係。在教會作領導的並非「老闆」，相反，按聖經的教導，他是「僕人」，也就是說他要以服事他人的心態作領導。還有因為教會各肢體都有不同的恩賜(林前十二章)，故此肢體是以「互相照顧」(25節)的姿態共處，絕對沒有權力高低之分，更不容許有唯我獨尊的心態。按這模式，連牧師也沒有更高的權力，牧師該備受尊重乃因他要格外勞苦牧養和裝備羣羊(帖前五：12-13)。

故此作「導師」的也要用以上的態度服事。「熱心事奉」正如您所説是件好事，但這不是等同事奉就是他的「專利品」。有一個現象，就是有些人把教會的事奉作為爭取權力的地方(可能是不知不覺，亦可能是刻意)。在教會裏，每一個事奉的人要「看別人比自己強」。在您的情況，我建議團契職員與導師都有一定的事奉期限(term of office)。例如導師可以每期事奉是兩年，由教會牧師委任。這安排對導師或團友都是好的，您認為如何？祝

與主同行

主僕

李耀全

崇拜事奉員穿人字拖！

李牧師：

你好！我教會有些崇拜事奉人員(司琴和司結他)穿著得十分不當，如穿牛仔裙和人字拖涼鞋，而且在敬拜讚美時常作個人表現，尤其是在安靜祈禱時造成很大的騷擾。其實牧師已經藉一些聚會向各肢體說明事奉人員應有的態度及衣著，可惜這情況仍未見改善，請賜教！

謝謝！

一位姊妹上

一位姊妹：

您的信不單指出教會事奉人員外表的問題(例如衣著)，亦指出他們內在的問題(例如態度)，是值得我們關注的！

假若我們問教會青年(我假設大多數是青年)對事奉人員衣著的見解，我相信他們必定是覺得沒有問題，甚至相對覺得外間衣著保守！在某程度來說，他們所說的是有道理的。若我們撫心自問，衣著的潮流實在是不停的改變，我們亦不會穿不合時的服裝。單單以男人的領帶為例，它的闊度便隨著潮流由闊變窄，又由窄變為闊，這是不足為奇！青年人永遠是走在成年人的前面，受最新的潮流影響，故此在衣著上跟隨潮流是理所當然的。

其實潮流文化（包括衣著）更重要的是反映當代人的心態，他們的「恰當」與「合宜」的標準與我們成人（即上一代的青年人）不同，而且用是否「cool」來形容。青年人不願受傳統的價值限制，不認為敬拜神一定要穿上「formal」的衣著，因為神不是看我們的外表。

我認為，若您們的崇拜是較為新穎，用的音樂是較為現代化，穿牛仔裙和較為合宜的涼鞋，其實可能十分配合。請不要誤會我，我不是贊成衣著可以隨便，我是強調衣著的合宜性。假若您們的崇拜是較為傳統的，這樣穿牛仔裙和人字拖鞋當然是不合宜。

其實每間教會都會有自己的標準，反映大多數會眾的看法。若這標準是清楚的話，青年人其實是會盡量依循的。重要的是不要讓我們傳統的價值觀限制了青年人的創意，但同時又能指出一些劃時代不變的原則——例如在崇拜中對神應有的崇敬態度。

令我較為擔心的，是您提出有關「個人表現」和禱告受騷擾的問題，我認為這才是您教會需要關注的。崇拜中的音樂與歌唱是獻給神的，因為敬拜的對象是神本身，故此它該有最好的質素和表現。最好的表現與個人的表現，分別主要是在事奉者的態度。正確的態度是將最好的獻給主，不正確的態度是表揚自己的才華。靜默時是在安靜與神相交，是非常神聖的時間，若教會的崇拜領詩人員完了詩歌時間就不停喧嘩，不顧其餘的崇拜程序，這是反映他們不明白崇拜的意義！

詩歌讚美能幫助會眾親近神，將會眾帶到神面前，故此無論是主席、領唱、司琴和負責其他樂器的人都要穿得合宜(教會公認的標準)。更重要的是在整個崇拜對神的尊敬，但這不是等於死板乏味，崇拜亦是慶祝、感恩的時間，我們要全情投入。祝

以馬內利

主僕

李耀全

精神康復者在教會

李牧師：

你好！我教會有一位精神病康復者(未清楚信主的)，多年來傳道人對她很冷淡，只有數位會友願意以愛心接待。最近她似乎情況不大好，常有幻覺，她説是神向她講説話，但傳道人不但不想辦法給她幫助，反認同她所説的話，我一方面很替她擔心，另一方面又懊惱教會的冷漠、敷衍。教會的愛心可是選擇性的呢？耶穌不是愛「世人」嗎？傳道人可能是太忙了！患病的她，其實更加需要人幫助！

BM上

BM：

教會弟兄姊妹，尤其是傳道人，該如何對待有特殊需要的會眾，是一個非常重要的問題。盼望本人的答覆能給教會一點提醒，使精神病康復者(及其他有需要的人)得幫助。

這問題之所以重要，是因為教會本應是軟弱無助受欺壓的人的避難所，聖經是充滿對這些人的應許——神必記念、保護、拯救和保障——「(神)作貧窮人的保障，作困乏人急難中的保障，作躲暴風之處，作避炎熱的陰涼」(賽廿五：4)。主耶穌親自用比喻教導，當我們服事弟兄中最小的一個，就是服事主自己了(太廿五：31-46)。其實神對那些只顧自己而不顧無助人的人，甚至欺壓他們的人，特別有嚴厲的警告(耶廿二：13-18)。正如您所說，耶穌的愛是給全世界的人，不分背景或地位。恃富欺貧、待人不公都被視為罪——「神豈不是揀選了世上的貧窮人，叫他們在信上富足，並承受他所應許給那些愛祂主人的國麼？」(雅二：5)

從以上的經訓，我們清楚知道教會不可以偏待任何人，反而要對一些弱勢羣體或人士額外的恩待。故此我認同您的看法，教會的愛心不可以具選擇性的，會友不可，傳道人更是不該，因為他們要以身作則，帶領會友一同學習實踐愛心的功課。傳道人對精神病康復者的冷淡或敷衍，正如您所說可能是基於他(們)太忙，但我相信很多時是因為他(們)沒有足夠的知識面對這些特殊需要的人。故此我們都需要多一點學習認識有關精神病和如何照顧精神病人及康復者。

因篇幅所限，我不能在此詳述有關精神病康復者的照顧，而一般較為嚴重的精神病人與康復者亦需專業精神科醫生或心理學家的治療和康復後療理的指引。但首先我們要改變對精神病患者及康復者的態度，別以為他們是怪人。其實人人都有機會患精神病，按一些學術報告，一個人在他一生有百分之二十的機會患上精神病。我們不覺察這情況是因為大部分精神病是輕微和短暫的。故此我們先要排除對精神病人與康復者的恐慌和抗拒。

從您所描述的情況來看，我猜這位姊妹是曾患上精神分裂症，因為幻覺（如聽見一些特殊的聲音）、妄想、思想混亂、行為古怪等都是精神分裂的跡象。若這些徵兆常常出現可能是疾病復發的開始，故此您們該鼓勵她回到精神科醫生作診斷，看看是否需要接受藥物治療。對於康復治療者，教會務要認識社會上的資源，尤其是醫管局、社會福利署、其他機構及志願團體所提供的資助與支援。重要的是讓康復者自然地回到他們覺得安全的地方。從教會的角度來看，會友與傳道人要聯手給他們關心、接納與支持。

至於正在康復的姊妹聽見神對她説話是否真實，我沒有足夠的資料去判斷。但因病人過往的病歷，我們要先得精神科醫生的診斷，才能分辨是非真假。盼望您繼續關心姊妹，亦感染其他肢體與您同工。祝

愛主更深

主僕

李耀全

如何增加團友的凝聚力？

李牧師：

我是職青團契的職員，這個團契自我們中學時代開始，但目前團友的狀況有如「老油條」般，對團契失去熱心，等人來服事。

去年開始我感到神要我在團契中事奉，為要興起與我一起成長的弟兄姊妹，初時我滿腔熱誠，但得出來的反應實令人沮喪。

事實上，我在沮喪的時候會想，其實我可以不做這些工作，讓其他未婚的團友做吧！但我又不忍心，這團契與我一起成長，我不想看著這個團契沉下去，我應該怎樣辦呢？

小雲上

小雲：

您對您自己團契的關心是我非常欽佩的。團契往往是我們靈命成長最重要的園地。尤其是因您從青年時期便與這班弟兄姊妹在同一團契長大，故此您特別對這團契有深厚的感情。可惜當您看見團契荒涼的光景而有感召地挺身服事弟兄姊妹時，您卻發覺在孤軍作戰！有些已婚或已就業的團友推也推不動，令您非常的灰心喪志，但要放棄又不忍心！想起來，不久之前我也經過這樣的階段，故此我相信我明白您的感受。盼望您是失望卻不絕望，主必能體恤您的心境！

要改變目前的處境，是需要了解和耐性。首先您要明白團友所經歷與面對的挑戰，特別是他們大都已成家立室，我猜想您那「老油條」一般的團友的婚齡可能多您數年，故此正在面對工作的壓力和結婚數年後夫婦及兒女額外的擔子。比起中學生時期那種無憂無慮毫無牽掛的日子，他們現時的生活是截然不同。他們是否真的對團契失去熱心？抑或是他們已有心無力呢？尤其是現今經濟不景，剛出來工作的成人經驗不多，又怕不拚命工作連職位也會失去！往往他們在生活上是身不由己。

其實團契隨著團友的成長已不停在轉型中，昔日的青春活力已不再。年紀大了便要面對新階段的挑戰，這可能不是熱心與不熱心的問題，乃是人生成長必經的階段。青年團的日子不是永遠的，當我們已不是青年，我們便該讓青年(未婚)的團友有機會起來事奉(正如您昔日年青時一樣)。

既然您現時已有一班弟兄姊妹成家立室，為何不另行組織一個夫婦團契呢？這樣「老油條」的團友便要一起參與，自己服事自己，可能這樣團友便會按現時弟兄姊妹的需要尋求出路，因為團契的活動是與他們面對的問題息息相關。還記得昔日在加拿大溫城嗆大學時，我們有一班熱心愛主的同學一起在大學團契事奉，後來同學都因畢業而要離開。雖然離別時依依不捨，但都知道天下無不散之筵席，後來我們分散到不同地方工作和事奉。可喜的是至今我們仍會不時重聚，而每次都是一見如故！

我建議您可以繼續事奉多一段時間，並在期間完成兩大任務：一是栽培一些較年輕而未婚的弟兄姊妹出來事奉，讓他們在一兩年間可以接棒；二是開始把已婚的團友組織起來，先用小組的方式分享或查經。當時間成熟的時候，已婚的團友可以退出，另行組織夫婦團契。但您要耐心地部署，免得弄致團契分裂。其實這是細胞倍增成長的方式，做得好會令青年團與成人(夫婦)團兩者都興旺。不要灰心，您實在是任重道遠呀！祝

事奉有力

主僕

李耀全

十一奉獻要全數歸給教會嗎？

李牧師：

作為基督徒，請問以下有關奉獻的做法是否合乎聖經的教導？

我將我收入的十分之一分給：

一、 我所屬的教會；

二、 其他教會或差傳機構；

三、 濟貧的機構或有需要的人。

Irene上

Irene：

十一奉獻(tithe)顧名思義是十分之一的奉獻，在舊約是指奉獻土產或牲畜的十分一給神以表示感恩與委身(創十四：18-20)。利未人是負責收取這奉獻的，並且以此作他們的生計。另外每三年為窮人提供特別的接濟(民十八：21；申十四：28-29)。我們要記得當時的利未人支派是全職負責聖工而又沒有自己的土地(因此沒有收入)。故此在一個神治的社會，十一奉獻是被視為以色列人的律法。不過，除了這指定的奉獻之外，他們亦可以額外自由奉獻(出卅六：3)，而奉獻的原則是按神所賜的豐盛(故有不同奉獻的能力)——你要照耶和華你神所賜你的福，手拿著甘心祭，獻給耶和華你的神面前(申十六：10)。換言之，十一奉獻是固定的捐獻(像交稅一般)，維繫當時社會兩大開支——聖工與濟貧；除此之外，以色列人還可以作特別感恩的奉獻，因為舊約以色列國神治體制(theocratic economy)中，神把十一奉獻立例，百姓依循與否亦成為神的祝福與咒詛的依據(瑪三：8-10)。

到了新約，我們再看不到十一奉獻的吩咐與教導，相反，耶穌卻責備那些假冒為善的文士和法利賽人，指他們有禍，因為雖然他們獻上了十分之一，但那更重要的就是公義、憐憫、信實，他們倒不去行(太廿三：23)。換言之，十一奉獻固然是重要，但表面的遵守是沒有意義的。新約是強調奉獻要甘心樂意(林後八：1-3)，並且是按各人的能力(林前十六：2；徒十一：29)。

要回答您的問題，首先要明白我們並不是在舊約的時代。現時一般有收入的人先要交稅，還有各樣慈善的捐助，基督徒又加上各樣的奉獻。按理政府是有責任用稅收幫助貧窮人，濟貧的機構是補其不足。近年教會以外的機構百花齊放，各有各特色與需要，令支持者不知如何分配有限的奉獻。假若我們今日要堅持十一奉獻，那末我們便要同樣堅持它是要用在昔日的用途(聖工與濟貧)。但事實上我們交的稅一般來說已是超過十分之一的收入，而社會的制度也與昔日有別。

話雖如此，在樂意奉獻的原則下，十一仍是一個好的指標。不少基督徒憑信心用十一奉獻作為操練的目標，並從瑪拉基書中得知，神對遵守十一奉獻的人的祝福和應許是經常應驗的，故此是值得我們仿效。至於十一是否完全給教會，我只能説教會是您首要的責任，支持自己教會是責無旁貸，但是否全數給教會，各教會卻有不同的看法。從教會發展的角度來看，十一全歸教會當然是最理想，但我個人認為既然新約沒有清楚的指引，我們最好把它看為理想的目標，不是硬性的規定。基督徒亦須按各人的能力盡量捐助教會以外的事工(如差傳與濟貧)。若它是在十一之上的奉獻，該把它視為進一步的信心操練，不是出於勉強，乃是出於甘心。神給我們不同的經濟能力，又給我們自由奉獻的選擇，我們要學習不要以最低的「要求」為目標。讓我們在經濟低迷的處境，仍甘心樂意奉獻，學習信心的功課。祝

愛主更深

主僕

李耀全

堂址問題起爭拗怎辦？

李牧師：

您好！最近教會發生某些事導致各人都心痛了，並且爭吵，教會內氣氛很差，我也因這氣氛而感到無奈，盼能指教我如何面對。

我教會是兩地崇拜的。由於A地方不夠用，剛巧議會建議將兩地合併合辦直資中學。為著此事，我們開過不少會議，但傳道人及兩堂會弟兄姊妹卻不能達致共識。由於發生這事，部分弟兄姊妹便離開了教會。

基本上這事已完結，因為我們財力始終不夠，但A地方的教會又舊事重提，而且還要點名批評，這合乎聖經教導嗎？傳道人有沒有合乎聖經的教導！

教會中姊妹上

教會中的姊妹：

很感受到您教會因處理堂址問題引起的衝突和您的不安與無奈！我的經驗是往往教會在面對擴堂或植堂時(牽涉動用巨大的人力與物力)，弟兄姊妹就會議論紛紛，甚至在分歧中互不相讓，結果教會元氣大傷。這正正是您教會現時所經歷的創傷。在這處境中最重要的是各人彼此尊重，盡量追求共識。我願相信教會有您這樣愛教會的人仍然是有希望的。

在處理這問題就先要解決眾人的「心病」。事情到這地步誰是誰非已不是最主要的問題。這「心病」到底是甚麼？它就是意見不和或處事不當的後遺症，它的病徵就是互不信任、互相猜忌、人身攻擊、互相批評、舊事重提等心態。結果是雙方兩敗俱傷，不能合作，教會死氣沉沉。是的，這是令人心痛的事，只有魔鬼才會歡喜快樂！要破這悶局惟一的方法是各人首先要放下己見，停止爭論，務求與眾人和睦。您可以先以身作則，最好結合教會有同一體會的人，在一些合適的場合(例如教會祈禱會)，坦誠說出自己的感想，強調自己的感受，尤其是不忍見教會受傷害，要小心用愛心說誠實話，不可借機再強調自己的立場。目的是要挑起大家彼此饒恕、彼此接納的心態。在這些情況要絕對避免任何的辯論，先要大家回到一起同心合意興旺教會的宗旨。

以上的醫治過程是不可速成的，也沒有捷徑！當教會在主的愛中慢慢恢復元氣後，便要請有關的負責人重新討論問題，不可不了了之。就算目前像您所說「這事已完結」，但仍要正式開會，找出最後的共識。還要設定日後的方向、準則及步驟，避免重蹈覆轍。

在這類事情中往往有兩種持不同意見的人，分別是保守派和激進派。保守派的人會精打細算，思前想後和堅持要客觀分析。激進派的人會強調掌握機會，冒險投資和採取主觀進取的態度。不少時後者會批評前者沒有信心，而前者卻批評後者沒有好好計算代價。其實兩派人都有其道理。耶穌説我們有信心就可以移山，也説我們建造房屋要數算代價。故此兩派人都是對的，更是互相配合。我們需要信心又同時需要數算代價。更重要的是要記得謀事在人，成事在天(即是有神的主權)。我們要真正求神顯明祂的旨意，為我們闢路。

至於傳道人在這件事是否處理得恰當，我不能憑您一面之詞作準確的判斷。但若他們能客觀看待上述的教導，問題便可以得到解決，並且會得到肢體的支持。無論是傳道人或平信徒領袖，重要的是要合一，傳道人(牧者)不可濫用牧者的權柄，肢體不可偏行己路，各持己見。各人要學習彼此尊重，同心建立神的家。我相信這正是您的祈盼與禱告。祝

主恩常在

主僕

李耀全

投訴教會無門該怎辦？

李牧師：

一年多前我曾向教會及傳道人反映一些關於教會發展的意見，但發覺沒有甚麼用處，傳道同工給我的感覺是，我們教會要走這個方向就是這樣，不適合的可以離開，這使我非常失望。我也曾與一些弟兄姊妹分享過，他們雖有同感，但因為在教會這麼多年，那份情令他們留下，不過也有些選擇離開教會。

現在教會的氣氛蕭條，傳道人的信息老是要信徒奉獻來建校植堂，在牧師退休前希望有多間堂會。最近還要我們在敬拜中背誦教會的認信，為甚麼不背誦聖經而要背一些由人寫成的(本會)信仰呢？

我現在十分痛苦，因為處於無奈中，我不能改變傳道人，但我愛自己教會，真的不知如何是好？

無奈信徒上

無奈信徒：

多謝您與我分享您教會的難處，盼望我的答覆能減輕您無奈的感覺，給您一點出路。教會原是弟兄姊妹結合而成的羣體，沒有弟兄姊妹就沒有教會。可惜的是在教會的發展中，教會卻變成一個受某些人或小羣所操縱的組織（機構），失去了由眾弟兄姊妹彼此建立、問責、制衡的功能。這是今日教會的悲劇！若教會受牧師或平信徒領袖單方面（或集體）操控，而他們又完全不理會友的意見和投訴，這實在是非常可怕的事。我想，出現這情況是因為掌權者一方面奉主的名行事，但另一方面卻又任意妄為、偏行己意。這種教會政治比世俗的政治更可惡是因為掌權者可以借用神絕對的權威施行壓力，不順從便被看為不屬靈、沒有愛心、不順服權柄，甚至被控訴為魔鬼的差役。從以上的回應，我想您會知道我對教會「不喜歡，您可隨便離開」的論調非常反感。我認為教會絕對不可採取這種態度，又相信教會的領袖（無論是牧師或是平信徒領袖）是有責任聽取會友的意見。

當信徒（會友）發覺向上反映意見無效，便往往陷入無助無奈的感覺。這是因為掌權者與會友之間有一個很大的權力區別（power differential），而本人認為這是信徒在教會制度中所學會的無助感（learned helplessness）。一般會友面對教會的權力架構總感到無力反抗。請不要誤會我，我不是鼓勵信徒要無故反抗權柄。像百夫長「在人的權下」（參太八：9），我身為牧師，是明白教會的領導應有適切的權柄。我認為信徒不須盲目接受權威，因為無論是牧者或信徒，我們都是在同一個權柄之下——神的權柄。基督方是真真正正教會的頭（弗五：23）。若我們(牧者、領袖與平信徒)都有這種觀念，我們便可以開門見山，一起在基督權柄之下探討教會問題。本人認為出路並非在於如何上訴，乃是在開放彼此謙讓的心態(腓二：1-4)。

在信中提及不同的問題，因為我不完全清楚您教會的情況，並且無法了解教會牧者的角度，故此無法給您確實的指示。植堂和建校本身都是好事，當然在您們對教會不滿的情緒下，常常提這些projects而沒有給信徒餵養是會令人厭煩。至於背誦教會信條，其目的與背誦聖經不同，而各有各的用途：背聖經(例如每月或每週的主題經文)幫助我們將神的話語藏在心裏，但背誦教會信條有助提醒信徒有關教會重要的信仰特色。無論是經文或信條，單單背誦是沒有大幫助，有時要加一點講解。禮儀為重的教會是經常有信經的背誦(例如《使徒信經》)，加上適切的教導，本人認為背誦是一種宣告，向世人表明我們信仰的立場，是一種好的見證。

我明白您的無奈，但願您仍相信教會領導層中總有人會聽取您的意見。祝

主恩常在

主僕

李耀全

信仰疑難

在預定論的爭論中，最難處理的問題之一，是那些未聞福音的人既沒有機會聽，故此沒有機會信「雙重預定」。預定論是否與神的公義違背？保羅給我們的答案似是雖然這些人沒有神特殊的啟示，他們卻仍然有神自然的啟示。

父母生下的孩子是否會被神在預定下所揀選，並不是父母能主宰的，但父母的責任就是在這神所賜給他們的產業作個好管家，好好地在主的道教養兒女。這是父母在兒女救恩上唯一的責任，其餘的是兒女自由的選擇。

在天堂真的能與主相見？

李牧師：

一、作為基督徒，我相信神愛我，並已將永遠的生命白白賜給我(約三：16)。我亦明白當我的肉身生命完結後，可以進入天堂，與主相遇。請問進入天堂與主相見，是否一個概念上的認知？因主耶穌曾在福音書對門徒說：我去原是為你們預備地方……我亦明白這個地方(即天堂)是沒有痛苦和眼淚的。

二、當我們在天家的時候，是否可與過世的親友相見？包括信主與未信主的，我們的形體是怎樣的？

無知的信徒上

無知的信徒：

「學」會「問」的信徒是有「學問」的，並非「無知」！

「天堂」究竟是一個怎樣的地方呢？「進入天堂」是否一種理念，還是真正一個地方呢？未討論聖經的教導之先，我們要提醒自己，知識和經驗都是受制於時間與空間，「天堂」無論是在觀念或實質上，都是屬於另一度空間，故此我們不能完全用我們慣常確知的方法來辨別「天堂」的真相。另外我們對「天堂」的關注往往是與現今我們所關心的事情有關，但「天堂」從永恆的角度來看卻是關乎永恆的事物，重點已非屬世。話雖如此，聖經對「天堂」卻有清楚的解釋，讓我們一起看吧！

「天堂」(heaven)是神所在的地方，在那裏神備受天上的眾軍(天使與信徒)等羣眾的敬拜(啟五：11-12；十九：5-7)。主耶穌在十架親自對悔罪的犯人説：「今日你要同我在樂園(paradise)裏了」(路廿三：43)。「樂園」(與「天堂」同義)是指怎樣的地方呢？「樂園」這字在新約還有兩個出處：一處是在保羅異象的描述(林後十二：2-4)，另一處是致以弗所教會的書信中給得勝者的應許(啟二：7)。這些經文都指出信主的人死後會到一個令人賞心悦目的花園，與主同在，享受永生。但使徒保羅有這「樂園」的異象，卻沒有具體的描述。「三層天」是指天空與外太空以外的地方，是神的所在(來四：14)，是與「樂園」同義，那裏有「隱祕的言語，是人不可説的」(林後十二：4)。「樂園」的確是有實體的地方，有它優美的環境及天國的語言，但除此之外，我們對天堂／樂園所知不多。不過，我們卻知「天堂」是一個「新天新地」，是神人共處的地方——「神要擦去他們(神的子民)一切的眼淚，不再有死亡，也不再有悲哀、哭號、疼痛，因為以前的事都過去了」(啟廿一：4)。我們亦知道「天堂」乃是天父的家，而在那裏「有許多住處(地方)」，是耶穌為我們預備的地方，一個永存的居所(約十四：2)。故此「天堂」是個具體的地方。

但聖經亦用同樣的字眼來形容屬靈（heavenly）的事物，例如屬靈的產業（彼前一：3-5）、屬靈獎賞（腓三：14）等。馬太寫他的福音書時，猶太人特別小心處理和尊重神的名，並用「天國」（heaven）代表「神」（例：太十三：11）。故此「天堂」並不一定是限於一個地方的觀念，它是超越地域，是指與神同在的境界和生活。

主耶穌告訴我們，在來世並沒有婚姻的關係（路二十：35），也沒有死亡，像天使一樣。我們將會有像主一樣榮耀的身體（腓三：21）和屬靈的身體（林前十五：44，46）。信徒（包括信主的親友）必在那裏相聚、相見，但我們屬靈的關係已超越了現今的關係了。讓我們一起等待那日子。祝

以馬內利

主僕

李耀全

基督徒家庭也撞鬼？

李牧師：

您好！有些難題請您為我解答！我原與丈夫、兒子及奶奶同住，但兩年前奶奶在她房間睡覺時被主接去。

最近，我未信的父母因家中裝修而暫住我家。正當我父母住到第九天早上，我爸爸說一定要離開我家，原來他半夜兩次上廁時都看到我奶奶的房門口閃出一個黑影，他意識到看見靈界之事物，並嚇得全身顫抖、心口刺痛(他已有心臟病)、發燒、身體無力。於是他們到了我那信佛教的姐姐家中暫住。

其實當奶奶兩年前去世不久，我教會的牧師曾到我家祈禱，使我內心很有平安。但這牧師現已去了外國進修，而教會另一傳道則身兼兩職，非常忙碌，所以我沒有請她來我家禱告。

請問：

一、為何基督徒的家有鬼？難道神不保守信祂的人的家庭嗎？

二、爸爸因在我家中暫住而嚇病，面對非信徒的兄姊，這事不能榮耀神！我該如何向他們解釋呢？

三、我也被這靈界之事嚇倒了！我的信心軟弱了！我應如何調節自己的情緒及屬靈生命呢？

小信的人上

小信的人：

兩年前當您奶奶主懷安息時，家裏一直平安無事。到最近自己父母入住您家又為何發生令您父親失魂落魄的事呢？除了令您自己也惶恐不安之外，您最不明白的就是神為何不保守您們家人，沒有機會傳福音已是一大損失，更不知如何向家人解釋，令您的信心也軟弱下來！

坦白說，雖然本人也有數次趕鬼的經歷，若我遇上靈界的現象，相信我第一個反應自然也是恐懼。不過我們信基督耶穌的人，是不須要懼怕這些幽靈或鬼魂，因為聖經有無數的故事都證實神的能力是遠遠大過這些靈界的事物(例如耶穌把鬼趕入豬羣的故事，太八：28-34)。主耶穌已從死裏復活，敗壞了魔鬼一切的勢力，所以基督徒不用否定靈界事物的存在，只要憑耶穌的名字克服或驅趕這些邪靈！

讓我嘗試回應您的問題。首先您問為何基督徒的家有鬼？又神為何不保守屬祂的人？不錯，您父親遇鬼的感受是真的，否則他不會失魂落魄，恐懼失色。但饒恕我對他的經歷有一點保留。兩年來，您奶奶的房間一直沒有甚麼怪現象。再者，您信中只提到您父親遇鬼的經歷，為何您母親沒有同樣的經歷呢？請您不要誤會我，我不是否定您父親的經歷，我只是在問他的經歷是否有其他解釋。我晚上也曾遇過一些杯弓蛇影的經驗，在我心神彷彿之際亦會有草木皆兵的虛驚。不過我相信老人家是不易接受這種解釋的。

至於基督徒家庭是否會有鬼出現，我是相信若我們不給魔鬼留空間，牠是不能入侵屬主的家庭的，神亦應許賜平安給我們(約十六：33)。

不幸的是您父親因這經歷而病倒。本人認為要為這事解釋，倒不如藉這機會向他表揚基督的愛心和您一家對主的信心。往往世事難料，連基督徒自己也會有一些不能解釋的經歷或遭遇。在這些情況中，惟有基督無窮無盡的愛與祂的能力才能感化人，使人能對神重拾信心。

我認為值得關注的，反而是您和您的信心。兩年前您教會的牧師也曾為您心裏的不安祈禱，神豈不是一直保守您們嗎？您是否心有餘悸，甚至有些談虎色變的傾向，未能完全交託信靠主呢？我想您教會現任的傳道人就算多麼忙碌，亦會樂意與您一同禱告；若她也感受到邪靈的存在，便可以用信心以主耶穌基督的名驅趕牠。我鼓勵您多看福音四書，從耶穌生平趕鬼的事蹟得到安慰，然後簡單地祈禱交託，主必保守您。祝

主恩常在

主僕

李耀全

怎樣清楚這是神的呼召？

李牧師：

本人信主已十多年，最近好朋友和爸爸先後決志信主，本人很感謝神，更希望透過事奉，以報答神，同時發覺如接受佈道訓練（如兩年短宣訓練），可帶領更多人信主，請問李牧師本人這個想法，是不是神對我的呼召，或只是一時衝動？如何辨別？

Amy上

Amy：

從信中我看出您對神應允禱告而充滿感激。您最關心的人——您的好朋友（男友？）和爸爸最近信了主，令您非常雀躍。再者，您希望多透過事奉報恩，也是我所欣賞的。您想起，若要以傳福音作為事奉的焦點，是否要有適當的佈道訓練呢？正確的答案當然是肯定的。「工欲善其事、必先利其器」。要好好帶領人信主便先要好好受訓練，預備好各樣作戰的兵器，因為傳福音便是打一場屬靈的爭戰，好好備戰才能提高勝數。

不過，我相信您所問的是應否進一步報讀一些如兩年制的短宣訓練，也就是說放下您現時的工作或學業，全時間進修神學或佈道訓練。身為一位全職神學工作者，本人當然不會反對信徒接受神學訓練，可是這是須要三思而行的過程，以及在神面前的等候。

讀神學受訓練是每一位信徒都該有的靈命培育，它並不是一些要做傳道人才可有的專利品。信徒既是人人皆兵，當然要受訓。不過正如一隊軍隊有不同的級別與崗位，包括前方與後方的部隊、全職軍人與平民支援部隊等，教會一樣有全職同工和信徒領袖分工合作，並肩作戰，不同崗位的人受的訓練深淺有不同、長短也有不同，視乎他的職責。當然教會是需要固定全職的同工帶領教會的事奉，並且這等人也需要更全面有系統的訓練。但同樣教會亦需要平信徒的參與，他們所需要的是一般教會所提供的訓練和一些神學院所提供的校外課程。有些信徒的呼召是積極帶職事奉(即有自己的工作，而在教會參與事奉)，另有些卻是被呼召作全職教會事奉。兩種情況都是事奉，都須有使命感，只是呼召不同而已！

要辨別是否一時衝動以為神呼召作全職事奉，便要有時間的印證與教會的印證。若您經過更長時間的等候仍感受到這催迫，又有教會牧者或長者的印證，便要先作好準備。在等候的時期要多參與事奉，藉此肯定神的恩賜與自己的心志。若一切都是一致地指向全時間神學

訓練就要小心選擇，按您的負擔選出合適您志向的訓練，憑信心上路；若是出於神，您心裏便有平安。祝

　　平安喜樂

主僕

李耀全

何謂不可妄稱神的名？

李牧師：

您好！本人有一信仰疑問想請教您，就是有關「不可妄稱神的名」的。怎樣才算是妄稱呢？事緣於在某次教會聯誼活動中，其中一個分組遊戲是要隨意叫喚著耶穌的名來玩的。我個人認為耶穌的名是很尊貴的，內心總有點不安。

牧師，是我過分敏感嗎？請指教。

一信徒上

一信徒：

怎樣才算是妄稱神的名呢？以前也曾處理類同的問題，但只是針對一些人所用的粗言穢語中常妄稱耶穌的名字。您所提及的卻不是這類問題，因為您關心的是在某次教會聯誼活動的分組遊戲中以「耶穌」的名叫喚作遊戲。「遊戲」與「粗口」當然有別，但採用「耶穌」的名在遊戲中是否仍然有不妥當的地方呢？讓我們一起討論。

十誡的第三誡如此說：「不可妄稱耶和華祢神的名，因為妄稱耶和華名的，耶和華必不以他為無罪」（出二十：

7）。從字面來看，妄稱神的名指隨便濫用神的名和不尊敬神的意思。以色列人對神有不同的稱呼，而每一種稱呼是反映神某些位格。換言之，神的位格是透過祂不同的名字顯示出來（參出卅四：6-7）。故此以色列人要尊重神的名也就是要尊重神的意思，而妄稱神的名是得罪神，是嚴重的過犯。以色列人朗讀神的律法書的時候，每當他們讀到「耶和華」（YHWH）的名字時，為了避免妄稱神的名，便用Adonai（我主）取而代之。猶太人對這誡命的重視由此可見一斑！一信徒，您把耶穌（神）的名看為尊貴而因此心有不安當然不是過敏的反應呀！

但妄稱神的名其實主要指褻瀆神的名（利十九：12），例如在法庭上指著神的名發假誓（太五：33-37）。妄稱神的名故此是指以神的名（即祂的權威）作神所不喜悅的事，自欺欺人，不把神的威嚴放在眼內，也就是把自己看作神一般。在法庭以神的名作假見證是明顯的例子，但其實當基督徒（包括傳道人）濫用神的名與權柄而偏行己路（「是神的旨意！」），也一樣是妄稱神的名。要謹記神是輕慢不得的！

從以上聖經的教導來看，妄稱神的名並不是單單指言語上對神的不尊重，更重要是指表面敬虔，卻心懷不敬的行為表現。基督徒太容易把「感謝主！」、「讚美神！」和「哈利路亞！」等稱讚神的話掛在口邊，但卻在生活上作出自我中心、惟我獨尊的行為，這是妄稱神的名。任何借助神的名與權柄作自私自利的事也就是妄稱神的名！

在遊戲中是怎樣使用耶穌的名作玩戲呢？坦白說，我實在摸不清頭腦！既是教會聯誼中的遊戲，我絕對相信它該是沒有惡意，更不會以破壞耶穌的名為目的！如果以上所推論的都是對的話，這樣的遊戲是沒有妄稱神的名之用意。不過，既然這樣做（以「耶穌」的名來呼呼喚喚）令人以為我們不尊重我們的主（太隨便），會令人跌倒，我覺得仍然是最好不隨便用「耶穌」的名字，可用其他名字代替，例如在一遊戲名叫「Simon Says」一樣（遊戲的規則是無論命令是「Do This」或「Do That」，若沒有說明是「Simon Says」都不可行！），甚是有趣，下次不妨一試！（註：我英文的名字是「Simon」呀！）祝

愛主更深

主僕

李耀全

不被神揀選者該如何生活？

李牧師：

我有一些關於「預定論」的問題想請教一下：聖經上說明揀選的主權在於神，雖然福音是普及全人類，但只有神揀選的人才會相信。由於揀選的主權在於神，若人得到神的揀選，信服祂，這當然是一種恩賜，一種福份；但對於那些不被揀選的人，他該如何生活？如果一個人早已注定是否得到神的揀選，那麼，誕下新生命的時候，為人父母者如何安心？若然誕下一個不被神揀選的生命，這豈非為地獄增添一員？對於一些追尋神，但不為神接納的人，這些人蒙神憐憫嗎？

雯雯上

雯雯：

從來信的內容看來，您其實對預定論這問題並不陌生。你已接受主權在於神，並且神有權揀選一些人作為救恩的對象。您問的是餘下的人又如何？坦白說，這問題並非本人能在此以三言兩語解答，因為自古至今，人一直問這問題而仍未得著圓滿的答案。

舊約先知耶利米和新約使徒保羅都引用窰匠與泥來代表神與人的關係（參耶十八：1-10；羅九：19-21；另參賽六十四：8；伯十：9；卅三：6），保羅說：「窰匠難道沒有權柄從一團泥裏拿一塊做成貴重的器皿，又拿一塊做成卑賤的器皿嗎？」（羅九：21），對那些信主的人，這些教導當然是救恩的確據，但對未被選上的，若不能說是不公平又可以說甚麼呢？不被揀選，責任又何在？

可是雖然神有祂的主權，而且預定論是必然的，人類對自己行動仍要負上責任，這是聖經的教導。對著「素來順服」的腓立比信徒，保羅仍提醒他們「應當恐懼戰兢地作成自己的救恩」（腓二：12；新譯本）。人要在救恩的事上自己負責，但他成全這責任的動力也至終仍是出於神——「神為了成全自己的美意，就在你們裏面動工，使你們可以立志和行事」（腓二：13；新譯本）。神的主權不廢除人的責任，但神的主權仍是絕對的。

另一個例子是當嫉妒的猶太人不信保羅所傳的福音，保羅和巴拿巴對他們說：「因你們棄絕這道，斷定自己不配得永生，我們就轉向外邦人去」（徒十三：46），接著我們看見外邦人反倒歡然地接受福音，作者路加告訴我們：「凡預定得永生的人都信了」（徒十三：48）。神的心意是要萬人得救，不願一人沉淪。故此福音是要傳給萬人，不過世界救贖的計劃是有神的安排（先向猶太人神的選民，後向外邦人）。聽福音的人有信的自由，也有不信的自由。對人來說，信與不信完全是在乎他自己。神的預定（既然是他所不知的）不影響他如何回應神給他接受福音的機會。

在預定論的爭論中，最難處理的問題之一，是那些未聞福音的人既沒有機會聽，故此沒有機會信「雙重預定」，預定論是否與神的公義違背？保羅給我們的答案似是雖然這些人沒有神特殊的啟示，他們卻仍然有神自然的啟示。他們心裏明顯地知道神的事——「自從造天地以來，神的永能和神性是明明可知的，雖是眼不能見，但藉著所造之物，就可以曉得，叫人無可推諉」（羅一：20）。至終人是有責任的——「義人必因信得生」。「因信稱義」的教義把人的責任與神的主權連在一起。而神在大自然的啟示下，便是信仰的起點與基礎，故此人是沒有藉口不信神的存在。

父母生下的孩子是否會被神在預定下所揀選，並不是父母能主宰的，但父母的責任就是在這神所賜給他們的產業作個好管家，好好地在主的道教養兒女。這是父母在兒女救恩上唯一的責任，其餘的是兒女自由的選擇。雖然神在祂主權之下早有預定，在人既不能預知，神的預定仍然不會影響他選擇的自由。至於一些真正追尋神的人，神必讓他尋見（太七：7）。祝

以馬內利

主僕

李耀全

預定論 vs. 尋找必尋見？

李牧師：

謝謝您上次對「預定論」的闡釋。我仍然希望能進一步知道，當人們運用「自由意志」選擇神的時刻，是否已受「預定論」的限制？這又是否與經上所說：「尋找必尋見，叩門必為你開」相矛盾呢？若這是神的旨意，人無法明白，只許接受，那麼，對於一些追尋神，但被神拒諸門外的人，該如何面對生命？

雯雯

雯雯：

謝謝您再來信進一步與我討論「預定論」的問題。上次因篇幅的緣故不能深入探討神學上的爭論，只能指出神的預定（人得救與否）是基於神的預知、恩典與主權。但從人的角度，人仍然有絕對的自由意志作出選擇，而這與神的預定是並存的。這是因為他既不知神的預定，而神又向全世界的人施展祂的救恩（約三：16），故此接受救恩與否仍然是他自己的選擇。這是最基本的答案。

您進一步問人的自由意志是否已受預定限制，若是的話，是否與耶穌所說：「尋找必尋見」互相矛盾呢？又若我們強調神救贖人的主權，那些不被揀選又如何？我十分欣賞您對失喪靈魂的關心。對愛主的人來說，神既然是愛，為何祂不拯救所有的人，是心中常有的疑惑！

從神學的角度來看，這是一個老問題。神學家奧古斯丁(Augustine)認為人墮落的意志令他不懂得尋求救恩，故此救恩乃完全是神的拯救，全是神的恩典。為甚麼有些人蒙拯救而有些人卻不蒙拯救呢？答案完全不在人的身上，也不在乎人的行為，而是完全在神的身上、在乎神永恆的旨意。奧古斯丁的教義在第五世紀成為反對伯拉糾主義(Pelagianism)的主要辯論，駁斥自由意志論，反對人可以靠自己，不靠神而得救的論點。這神學觀點符合聖經的罪觀，又凸顯神的救恩。

預定論按改教派的教義乃屬雙重預定論，即預定得救和預定受罪。這是符合神同時是憐憫與公義的教導(羅九：10-23)。路德(Luther)、加爾文(Calvin)和慈運理(Zwingli)這些改教派主要神學家都一致接受這觀點。對一些人批評預定受罪是太消極，近乎宿命論，持雙重預定論者便會指出，福音是為萬人的，世人聽見福音之後都有同樣接受與否的自由。教會的責任便是要往普天下為主作見證，使人作主的門徒，故此無論得時不得時也要傳福音，至於誰會相信蒙拯救則完全在神的手裏。故此預定論(預定得救和預定受罪)是與人自由意志並存的教義，不可説後者是受前者限制。

那麼「尋求必尋見、叩門必為你開」又如何解釋呢(參路十一：9-11)？經文上下文都是有關耶穌教導門徒如何禱告。耶穌將主禱文教導門徒之後，便勸人禱告時要情詞迫切(大膽直求)。這是因為神保證必垂聽懇切的禱告，並且這是祂憐憫慈悲的性格。故此對那些真正追求主的人，這不但不與神的預定有任何的矛盾，且是預定拯救的保證。一些真正追尋神的人，絕對不會像您所説——被神拒諸於門外，相反，他們是有神絕對得救的應許。

似乎您最大的憂心是人會尋求神但不得救，但神的救恩其實是神的主動開始，故此是開放的。這是神的應許：「凡接待祂的，就是信祂名的人，祂就賜他們權柄，作神的兒女」(約一：12)。若您有些家人朋友或同事已接觸了福音但卻未決志信主，盼望您不要放棄向他們傳福音作見證。這是因為神願萬人得救，不願一人沉淪。您只管努力為主工作，其餘的就讓神自己成全吧！ 祝

愛主更深

主僕

李耀全

我的生活和信仰分割了！

李牧師：

你好！Shalom！

我深信去年是我的「發現年」！我發現我的一些內在醜陋，也發現我對天父的認知實在太少！近期我又發現我的生活和信仰好像分割了！

蒙天父的愛護，祂在二○○一年領我到一個愉快的工作場所，但數月前卻因行政問題被調往另一個部門(我深信也是天父的愛顧，因那次很多人被解僱)。

雖然我沒有被解僱，但我在新的部門工作並不太愉快，這來自工作性質的問題及我不能接受他們的工作方法，與人際關係無關。「不願去做的可以不做，上司亦不會太為難，但願意做的卻會不停被要求去做」，這使我有很多的怨言，對別人也產生很多批評，但我真的忍不住，唉！天啊！我真的十萬個不願意，這使我覺得我和不信的沒有分別！我不想做一個星期日的信徒，偉大的說話我不曉得說，但我不想絆倒人，我可以如何？

Small stone上

Small stone：

從您信中所分享的，您主要的「發現」是自己在不愉快不理想的工作環境下怨天尤人，連非信徒也不如。故此您心如刀割，對自己這種信行不一的生活感到極之慚愧，無地自容。正如您所說：「我不想做一個星期日的信徒！」

Small stone，您坦誠的自白是我非常欣賞的，因為您沒有把責任推卸到別人身上或您的處境上。您的怨言和對人的批評嚴格來說是不合基督徒的體統，失去了忍耐收斂的美德。但事實上，在這樣的工作環境下又有多少人會完全沒有不滿的情緒呢？對著一個做事不合情合理的上司又不能抗議所產生的無奈與憤怒也是能理解的。不過若您的反應比非基督徒更差而失見證時，這確實有辱基督的名。主耶穌的教導是不要以惡報惡，以牙還牙。祂被出賣釘在十架時，祂卻說：「父啊，赦免他們！因為他們所作的，他們不曉得」(路廿三：34)。從基督的標準來看，相信或多或少我們都虧缺了神的榮耀，我們在逆境中的反應都有待改善。

基督徒在工作的逆境中可以信行一致嗎？雖然這是不容易做到的事，但信徒靠著神的恩典是可以克服逆境，保持積極的心態。事實上，很多環境的因素是不容易(甚至有些是不會)改變的。雖然我們不能控制所發生的事(action)，但卻可以控制我們的反應(reaction)。對於您的情況，我推測您的工作往往是吃力不討好，做多錯多，上司可能是一個欺善怕惡的人。雖然我不完全明白您的處境，但我建議您除了盡忠職守之外，可請求上司給您一個清楚的工作範圍和指引（Job description），然後盡您所能去依循。當上司的要求走出您的工作指引，您便向他清楚地指出問題。至於同事的表現是怎樣，這實在不是您所能控制的，也不是您能改變的，只管專心做好您的工作吧！

當我們感到不愉快時，可以怎樣控制自己的情緒和反應呢？我相信這主要是態度的問題。保羅教導我們「無論做甚麼，都要從心裏做，像是給主做的，不是給人作的」（西三：23）。故此我們不是討人喜歡，乃是存誠實敬畏主的心做好我們的工作。既是為主作的，我們便可以欣然地接受工作上的逆境因素。其次我認為當您面對一些吃力不討好的情況，您要謹記彼得的話——「只要心裏尊基督為聖，以祂為主；常常作好準備，去回答那些問你們為甚麼懷有盼望的人，但要用溫柔敬畏的心回答。當存無愧的良心，使那些誣賴你們這在基督裏有好品行的人，在毀謗你們的事上蒙羞」（參彼前三：15-16；新譯本）。Small stone，願以上小小的回應能幫助您及其他在類同情況的弟兄姊妹。祝

以馬內利

主僕

李耀全

個人成長

重要的是操練不在乎方法本身，乃在乎我們親近神的心態。當我們渴慕親近神，透過不同的途徑開放自己時，我們便會經歷令我們驚喜的學習和事情。

不同的操練模式來自不同的屬靈傳統，有不同的歷史背景。故此我們需要了解其背後的神學觀點，明白方法背後的基礎，否則我們便很容易以為操練方法本身有甚麼特殊的奧妙，以致刻板式地跟隨。

我愛音樂電影多於事奉

李牧師：

我是一個三十多歲、已信主十五年的基督徒，年輕的時候非常熱心教會事奉，直到現在有了自己的家庭，生活無憂，但不時仍會有一種莫名的失落感，總對四周的事物提不起勁，表面上努力工作，打理家務，也為上帝事奉，但有時覺得只是出於機械式的行為，雖然把事情辦好，但似是缺乏了「心」，令我感到有點遺憾。

最近我從音樂和電影尋到樂趣，那是因為偶然看到一齣外國電影，內心觸動了，於是便四處搜集關於電影和有關音樂的資料，這成了我的新動力，加上這是一部外語電影，重燃我對這種外語的興趣，開始重新學習。但令我不安的是，當我聽到姊妹與我分享她從培靈會的領受，又或是分享別人見證時，我感到自己很膚淺，花時間追求的並不是進深聖經知識，乃是這些世俗事物。令我更覺不安的，是我追求這方面事物所得的，比對屬靈的事更愉快，每天完了工作和家務，就是想看電影和聽音樂。我在想，我是在白佔地土嗎？這事一直很困擾我，我怕我的屬靈生命在冬眠，請牧師給我一點意見和指導好嗎？

愛婷上

愛婷姊妹：

謝謝您的電郵，很高興能收到一封這樣坦誠的信，因為我相信這不但是您個人的心聲，其實也代表了無數讀者和信徒的心聲。

愛婷，您所描述的正是靈性低潮的象徵。雖然您現在已成家立室，生活無憂無慮，一切平平穩穩，您卻感到一片無名的失落、悶悶不樂、沒精打采。這種感受不但出現在日常生活上，亦影響您的靈命，連事奉亦只是像按章辦事般，失去了喜樂與動力。令您更困擾的是在這種情況下，您竟然在一些信徒認為是屬世的娛樂找到自己。電影及音樂都好像是「不」屬靈的興趣，與培靈會的「領受」似有很大的分別，故此您更感內疚，怕您的「屬靈生命在冬眠」。愛婷，您不滿您現在屬靈的光景，但又發覺對屬靈的事物無「心」，您甚願跳出這種屬靈的低潮。願主成全您，使您靈命更新。

我看出您的「問題」，但從靈修神學的角度來説，這一個「好的問題」，因為您對自己靈命的成長不滿，渴望更有長進，卻是力不從心，非常痛苦。十架約翰稱此為「心靈的黑夜」(The dark night of the soul)，這不但不是靈命死亡的象徵，反而是靈命活力復甦的象徵。其實您仍然有事奉，相信您亦保持一定程度的正常基督徒生活(讀經、祈禱等)。令您不滿的是您不能像青年時期那樣活躍參與教會的聚會與事奉，有的事奉卻是「機械化」

的。但不滿的情緒沒有叫您停下事奉或放棄您的信仰，相反您正在尋求新的出路。這其實是靈命更新的開始！

愛婷，我不想在此犯老生常談的錯誤，因為我相信一般靈命長進的功課您早已知道，並且已操練多年了。信主十五年就好像快要中學畢業的青年人面對進入大學或工作的階段，有不少新的學習與挑戰等著您。我鼓勵您找一位「靈友」或屬靈導師，進一步認識自己，並接受屬靈導引而進一步洞察神的心意。嘗試一些新的操練方式，如不同默想聖經和靈閱（禱讀）法，開放自己接受不同親近神敬拜神的方法，擴闊您屬靈閱讀的範圍。簡而言之，您應擴闊您的屬靈境界，豐富您的屬靈經驗，加強您的屬靈資源。

至於您對電影和音樂的興趣，我覺得它可以是一件好事，因為我們的靈命（spirituality）不應聖俗二分。您所提及的興趣——音樂、電影、外語都可以有屬靈的意義，發揮您某些未發掘的潛質。能欣賞藝術，掌握語言表達亦是發揮人靈性創意的一面。它是非宗教性，但卻不是不屬靈。重要的是不要讓它成為您生活的核心，要過平衡的基督徒生命。其實您正正是在屬靈生命冬眠快完結的階段，大地回春在即，愛婷，讓您起來迎接屬靈生命之春吧。祝

靈命更新

主僕

李耀全

屬靈操練D.I.Y.

李牧師：

謝謝你對我上一封信〈我愛音樂電影多於事奉〉的回覆，衷心感激你的指導。我正考慮找一位靈友或長者尋求指導，同時也懇請你介紹一些書籍，以幫助我嘗試開始一些新的操練方式，學習不同的聖經默想方法，並希望了解多一點你所指的靈閱法。對於神學，我只是一個門外漢，希望牧師所指導的書籍能適合我。

愛婷上

愛婷：

每次收到來信者看到我答覆而再來信的時候，我總覺得興奮雀躍。您們的回應帶給我無限的鼓勵。

很高興知道您現正在考慮找一位靈友或長老，我相信神必恩待您，賜您所需的靈友。靈友是一位願意追求神心意、願幫助別人成長的同路人。在您的處境，若能找到一位年紀相若、經歷過婦女家庭生活的人，例如一位成熟的姊妹或師母便會更好。她需要花時間與您一同傾談，一同禱告，測透神的心意。您既然願意坦白分享、尋求指導，您將會在一個這份靈友友誼之中，找到神給您的指示。當您把追求的焦點放在討主的喜悅時，你的靈命在聖靈光照之下將會突飛猛進，也會成為別人的祝福。

至於屬靈操練的書籍，以中文寫成的不多。王志學博士所寫的兩本退修手冊，《經歷神》和《奇異恩典在中年》頗有參考的價值。另外您也可以參考筆者拙作，一本較早期的作品《屬靈操練與生命關懷》。在拙作中有「靈閱法」或「禱讀法」的介紹，還有在每一章的結尾簡單介紹不同的操練方式。重要的是操練不在乎方法本身，乃在乎我們親近神的心態。當我們渴慕親近神，透過不同的途徑開放自己時，我們便會經歷令我們驚喜的學習和事情。方法可以不同，唯一不可缺少的是我們追求的心。不同的操練模式來自不同的屬靈傳統，有不同的歷史背景。故此我們需要了解其背後的神學觀點，明白方法背後的基礎，否則我們便很容易以為操練方法本身有甚麼特殊的奧妙，以致刻板式地跟隨。傅士德的著作《屬靈傳統的禮讚》便可幫助我們理解不同的屬靈傳統。

至於神學方面，我實在不知如何推介適合您的書，因為我對您的認識不深，亦不知道您信了主那麼多年讀過那些書。假若您歡喜看一本不是太神學性又易讀的書，巴刻所著的《認識神》是首選。另一本另類的神學評論性書籍是楊牧谷牧師所編的《壞鬼神學》，當中不同的作者指出不同神學範圍的錯誤思想，也許這一本書會開啟您對神學的認識。《壞鬼神學》是出自更新資源廿一課程的系列，它有各方面的課題，包括基本信仰、舊約、新約、靈修神學(即上面提及的拙作)、教會歷史、倫理等。以上的書可以成為您閱讀神學書籍的開始。

除了自己閱讀神學書籍之外，您亦可以修讀不同神學院為平信徒而設的課程。您可以先修一些您有興趣的課程，如希望再作進修，便可修讀一些有學分、更有系統的神學課程。盼望您繼續追求認識神。祝

認識主更深

主僕

李耀全

恐懼骯髒如何作醫院及長者的事奉？

李牧師：

我是一名中年婦女，感到自己很適合做醫院和長者的探訪事奉，但我卻很不喜歡污穢，又因感到醫院是細菌的溫床而產生恐懼。過去見過一些長者不肯洗澡和清潔衣服，所以一直跟長者保持距離。

請問你是否有方法克服不喜歡污穢的問題，否則，可能我今生也不能服事以上的對象以至中國的事奉？

亞麗上

亞麗：

亞麗，您對醫院長者探訪事工的負擔，尤其是希望能在神州大地事奉的心志，是我極之欣賞的。您已擁有一顆愛主願服事人的心。有了這種愛心與動力，便有機會克服您心理的障礙。故此首先您要堅定甚至加強您的事奉心志，然後將您對污穢的恐懼交託主。

從您信中的資料來看，您似乎是十分喜歡清潔而不能忍受骯髒的東西，其實這是非常正常的事。一般人都是喜歡清潔，就算那些不清潔骯髒的人很可能都是喜歡清潔的。只不過可能他們太懶惰、太弱、太忙碌或太沒有紀律，故此變成這樣骯髒。您對醫院內可能會有骯髒的東西與細菌，長者若不洗澡和潔淨衣服所引致的不潔感到不安和不舒服感覺是不足為奇的。我相信連那些常在醫院工作及服事老人的人員也是不喜歡不潔，也會盡量不接觸不清潔的東西。他們穿上的白袍及戴上的手套都是避免骯髒的方法，因為這些工作地方是必定有病菌和不清潔的東西，是無可避免的。

從您信中的資料，我看不出您是否有潔癖的傾向。清潔型是強迫症(Obsessive Compulsive Disorder)的一種。強迫症有兩大病狀：一、強迫觀念——指反覆及持續出現衝動的思想或影像；二、強迫行為——指一些重覆不能自約自制的行為是完全受強迫觀念所驅使的。當一個人患上清潔型的強迫症，往往會過分恐懼被污垢或病菌等污染。為了避免不潔，此人會大量浪費食水和清潔劑，不停地進行清潔。患上強迫症的人是要接受心理治療，降低病人的焦慮，對強迫觀念加以駁斥，並且排除附帶的行為。我相信您還未到這地步，但卻要小心避免陷入這種強迫性的潔癖。

在您的情況中，您可以利用系統減敏(Systematic desensitization)的認知行為治療方法，逐漸減少對污穢的恐懼。另外亦可以作好護潔的措施，例如在接觸不潔的東西前後洗手潔淨。

當耶穌走遍各城各鄉去傳福音、醫病和行神蹟奇事時，祂並沒有迴避那些患病和不潔的人(例如痲瘋病人)。

相反，是祂特別去接觸這些人，關心他們，醫治他們的疾病。讓我們以耶穌的榜樣，實踐愛心的行為。您可以找些在這方面有經驗的同工或宗教人士分享您的恐懼，並且從他們的經驗學習。祝

愛主更深

主僕

李耀全

基督徒可從事衍生工具的事業嗎？

李牧師：

我是教會理事，職業是金融從業員，除了股票之外，我沾手期指，發展也不錯。我常常提醒自己嚴守清潔的良心，別叫人炒賣及要有客觀的意見。可是教會的領袖對金融行業的看法很兩極化，有些認為金融市場是投資工具，沒有問題；有的認為期指就是買賣大小，與賭博一樣，從事這工作便會失去見證。

我感受到有無形的壓力叫我不要從事金融工作(尤其是期指)；或者為了主的緣故，不該擔任理事。我認為金融事業若是這般大是大非，鼓勵人賭博，那麼作為一個負責任的基督徒是應該離開這行的。但若是因著一些保守的原因，或者因為一些兄姊和朋友在波動的金融市場損失金錢而認定期指是邪惡，這便令從事金融行業的兄姊受到冤屈。

李牧師，我困惑了，我的事奉、事業、基督徒身分是否互相衝突？基督徒是不能從事衍生工具的事業嗎？

困惑者上

困惑者：

雖然我對金融事業只是一知半解，但我知道金融市場是異常複雜。它既是正當的金融行業，世界開放經濟體系的一部分，但亦是被不少人利用作投機炒賣的途徑。從您的來信，我看出您是一位誠實盡責的金融從業員，更令我敬佩的，是您在教會亦是一位忠心事奉的理事，十分重視您的個人見證，不願成為別人的絆腳石。困惑者，請您不要放棄！教會正正需要您這樣的專業人士，一方面影響社會，另一方面在教會忠心事奉。

我是一個應用神學的教授，故此不該班門弄斧。身為金融界的門外漢，我只能在此有限的篇幅提出投資的神學理念給您和讀者參考，盼望不至於答非所問。我認為基督徒的投資有四大原則：一、投資乃善用我們的財富與資產：這正是神給亞當和夏娃作管家的責任（創一：26-29；二：15）。二、投資是要使我們的資源倍增：這是那些「又良善又忠心的僕人」的表現，是主所讚許（太廿五：21、23）。三、投資乃未雨綢繆：這就像那五個聰明的童女一樣，早早預備好油來迎接新郎。作為基督徒，我們要期待主耶穌隨時回來，但卻要預備長遠等候。四、投資必有一定的風險：那「又惡又懶的僕人」（太廿五：26）就是怕風險而把資本埋在地裏。問題是既然投資有它的風險，我們怎能有智慧地投資，以致我們可以成為那「又善良又忠心的僕人」？

我們都知道一般來說，風險愈大，獲利的機會便愈高，故此投資其中一個重要的原則就是問我們可以承受多少風險，並要按此標準作為投資的上限。我們不能忽視風險，亦不能避免風險。其實主是要我們學習信心與智慧的投資，好叫我們可以「連本帶利」奉還給主（太廿五：27）。

我相信另外一個聖經的原則乃是不陷入「急功近利」的試探。箴言的教導是：「不勞而得之財，必然消耗；勤勞積蓄的，必見加增」（箴十三：11）。「炒賣」就像「不勞而得之財」，亦有損人利己之嫌。「勤勞積蓄」是需要努力和智慧（work hard and smart），否則很容易會徒勞無功。

我對股票及期指都是門外漢，但據我所知，這些本身都不是賭博。可是任何衍生工具除了是投資的工具，在投機者的計謀中也可以成為一種賭注。故此關鍵乃在乎從業員與投資者的心態與手法。我們要謹記耶穌的話——「靈巧像蛇，純良如鴿子」。以這句説話作為您的座右銘，我看不出有甚麼理由基督徒不能從事衍生工具的行業。您同意嗎？祝

事主有力

主僕

李耀全

再談衍生工具與信仰

李牧師：

你好！拜讀李牧師的〈全心信箱〉多年，十分敬重牧師對信徒的牧養及教導，但今次看罷〈基督徒可從事衍生工具的事業嗎？〉及一則新聞後，實在有點不吐不快。

大概牧師對衍生工具真的不太熟悉。現今的社會實在太多似是而非的事正在發生。昔日高貴的賽馬運動，變成了今天的賭具。今天風魔年青人的足球運動，他日又不知變成怎麼樣了？好一句冠冕堂皇的投資買賣、小賭怡情、娛樂一下，實質背後卻是賭博，這是鐵一般的事實。同樣觸發我內心不安的，是一則國際新聞：外國一位同性戀的聖公會主教助手被選為主教，接替退休主教成為教區下任主教。

我們不是一個完全人，仍然有肉體的軟弱，但作為教會的領袖、牧養信徒的，豈不知該更要謹言慎行嗎？作一位好的主教，豈能同時是一位同性戀者？作一位好的牧師，豈能同時是一位癮君子？作一位好的教會理事，豈能同時是一個賭徒？一位好的教會領袖怎可以令跟隨的跌倒？即使是沒有不對的事，保羅亦教訓我們：只是你們要謹慎，恐怕你們這自由，竟成了那軟弱人的絆腳石（參林前八：9）；我雖是自由的，無人轄管，然而我甘心作了眾人的僕人，為要多得人(參林前九：19)；凡我所行的，都是為福音的緣故，為要與人同得這福音的好處(參林前九：23)。

有冒犯之處，多多包涵。

主內一小子上

主內一小子：

謝謝您對〈基督徒可從事衍生工具的事業嗎？〉的回應，令我與讀者對衍生工具有更深入的了解。容許我在此說明我的立場，並作一點澄清。

正如您在信中指出(也是本人原先說明)我是金融行業的門外漢，故此真的對它一知半解，並且在我只是提出一些聖經與神學的原則作回應。重看「困惑者」的來信及自己的答覆，我發覺我當時回應時是運用了同理心來表達我對來信者的了解，特別是認同他「嚴守清潔的良心」從事金融事業，鼓勵他謹記耶穌「靈巧、純良」的教導。在提出「投資」的原則時，我亦不贊同任何的「炒賣」，也絕對反對賭博！

相信令您不安的是期指的買賣。我承認在回應時沒有清楚把它與一般股票投資分開處理，使讀者可能以為我是贊成有賭博成分的買賣。在有限的篇幅到了要收筆時，我只簡單作總結說這些「……可以成為一種賭注」，卻沒有說出期指的問題。若我誤導了您和其他讀者，我願向您們道歉！事實上，期指就是我所說屬金融市場體系的一部分而又可以被利用作炒賣的工具。利用指數的起跌作買賣是平衡投資風險的一種手法，但落在炒賣者手中，它便成為像買賣大細的賭注，充滿風險！當然，在市場的波動下，帶著投機心態作炒賣的人是會有很大機會陷入金錢的損失！若果信徒有這種貪心博彩的行為，當然是與賭博無異，是我所不認同的！

不錯，正如您所說，現今的社會實在太多似是而非的事情。例如我是反對賭波的，但香港政府卻為收益而要把它合法化，我們除了提出抗議外，面對志在必行的政府又似乎束手無策。在這制度之下，我惟有常常提醒基督徒不要與別人同流合污，要分別為聖。換言之，雖然我們沒能力推翻或離開某些不合乎聖經的制度，但卻要從中作出合乎聖經的個人選擇。這就是主耶穌的禱告：「我不求祢叫他們離開世界，只求祢保守他們脱離那惡者（罪惡）」（約十七：15）。「困惑者」從事金融事業，不但叫人不要炒賣，又提供客觀的意見作投資，我們又怎能把他看為「賭徒」呢？

在信中我認同「個人見證」的重要，並且提醒作領導的不要「成為他人的絆腳石」。來信者不是「一位從事投機炒賣活動」的人，並不鼓勵別人這樣做。若別人不聽他的意見而作炒賣，那人便要向自己負責，與「困惑者」是無關的。他的「困惑」就是出於要執行他所不認同的活動。

我承認這本身仍然是一個問題，但「困惑者」卻真的是身不由己！另外的「出路」就是離職，但不少行業與機構，或多或少，直接或間接都可能有不完全合乎聖經的情況，難道我們便要離開才能處理問題嗎？留在職場而又不同流合污才是好的見證！

　　我亦不認同同性戀者可以當主教，因為教會的教導應該是不贊同同性戀行為的。但這與我們的問題不同，因為金融市場並非該分別為聖的教會。若「困惑者」不是賭徒，又不鼓勵別人賭博，卻因他從事金融的行業而不能事奉，這實在是可惜的事！您認同嗎？祝

　　以馬內利

主僕

李耀全

戀愛婚姻

具體來說，從男女「緣分」的角度來作比較，基督教的觀念指出神為人預備最好的配偶，人凡事有選擇的能力，神是重視關係的，救恩的宗旨也是要使人和好。

「神的安排」是以神的善意為起點，無論是從創造論、神論、人論、救恩論的角度，我們都可以看見神在萬事的美意，不但維繫萬物和供應被造之物的需要，更從祂永恆的旨意與救贖的計劃施展祂的能力與慈愛。

團契避談戀愛問題

李牧師：

我的困擾是有關談戀愛，即男女朋友該如何相處。自從大專畢業之後，我已從青年團契升到青年就業團契，但團契從來不討論或教導有關談戀愛的問題。其實我們在這些問題上都有掙扎！男女之別是我與我男朋友最多衝突的地方。例如我可以同一時間做幾件事情，但我男朋友卻不能(只能專心作一件事)。故此我常因這類事情對男朋友不滿，之後又內疚，週而復始，我感到很無助！還有，為甚麼有些人不高興就不作聲？我父親和男友就是這樣！請指教！

Cat上

Cat：

Cat，您說得對，很可能教會在青年團契已提早討論交友與談戀愛的課題，為要針對男女性開放的誘惑，而到了成人就業的階段反而少提及這些重要的題目。其實像您們已踏入就業階段的青年是更需要知道有關擇偶及談戀愛的道理。希望教會能留意，為您們提供適切的婚前教導與輔導。

言歸正傳，目前令您最煩惱的是您和您男朋友的關係，看來您們二人在相處上有不少的衝突。我欣賞您很努力去了解您的男朋友，又對自己缺乏忍耐的性情感到內疚，不停努力改善。令您感到無助是因為您總是重蹈覆轍，好像永遠跳不出您的困境。不要放棄，把它看成個人成長的過程，主必幫助您的！

不過在未與您討論有關男女之別之前，我希望您和您男朋友都多點彼此認識，尤其是了解對方的性格。若婚前不能知己知彼和真正彼此接納（而只是彼此容忍），日後真的結了婚，那末夫婦便要苦苦經營，永無寧日或忍氣吞聲了！

Cat，請不要誤會我，憑您一封短短的信我不可能深入認識您和您男朋友。不過我直覺覺得在您們二人的問題上，男女之分別只能解釋一小部分的問題，主要問題是您們二人不同的性格。例如您工作處事能力頗強，能在同一時間做多項事情，而您並不感到這樣是一種煩惱。這是您的性格，而男士或女士都可能有這樣的表現，故此這並不是男女之別。又例如您男朋友做事喜歡做完一樣還一樣，這其實是他做事專心的表現，不是所有男士都能這樣專注的，故此這又不是男人的特徵。以上兩個都是性格不同的例子。

那麼男女有別是指甚麼？在市面最流行的一本處理男女分別的書是約翰・葛瑞（John Gray）所寫的《男女大不同》。這本書有不少有趣的分析，例如男士處理壓力的方法傾向解決和安靜思考所困擾的問題，而女士則喜歡不斷談論來解決問題。另外男性對親熱的要求、親密的週期是「親近——脫離——再親近」，而女性卻視乎她是否有愛的感覺，是否得到對方的傾聽與了解。男人對感情的需要有六種：信心、接受、感激、讚美、肯定和鼓勵。女人對感情的需要卻是：關心、了解、尊重、忠誠、認同和安慰。當然不是所有男性都完全像這書所描述的，正如女性也各有不同。另一本更好的書是基督教心理學家克萊布（Larry Crabb）所寫的《男女幸不同》（*Enjoy the Difference*），進一步從聖經的亮光看男女之別。我鼓勵您閱讀這些書以認識多一點男女之別。

至於不高興時有些人會不作聲，原因可能有多種：可以是正在思考亦可能是避免衝突。這種表現亦不分性別的，若您與男朋友相處有困難，我鼓勵您們要盡早尋求輔導，甚至找輔導員給您們作性格分析。願主祝福您們！

主僕

李耀全

基督徒該怎樣看「緣分」？

李牧師：

基督徒怎樣看「緣分」這個觀念？它和「神的安排」有何異同？有人說這是個源自佛教或是中國民間信仰的觀念，起碼英文就沒有緣分這個字，有的是命運(Fate)、天意(Destiny)或源自印度語的Karma。我們會說「能與你相識可真是緣分」，可是對信徒卻會說「能與你相識可真是神的安排」。

緣分的天空上

緣分的天空：您好！

謝謝您的電郵，盼望我的解答能給您一點幫助，讓您明白「緣分」與「神的安排(旨意)」的異同。不錯，「緣分」的觀念是受佛教影響，是指某些今世的人際關係受前世所影響或注定，可說是佛教輪迴觀念的延伸。中國人樂天安命，認為前生注定了今生的軌道。尤其是在婚姻的觀念上，不少人仍然相信緣分，所謂「有緣千里一線牽，無緣相逢不相識」。人緣、善緣、孽緣、姻緣……「緣」的觀念實在是根深蒂固，深入民間。

但這一種樂天安命的思想是宿命論(Fatalism)的一類，是東方人解釋人際的一種思維，在人與人之間的際遇上隨緣認命，例如「緣分」早已決定我們是「天生一對」或是「冤家路窄」！這樣，我們中國人往往變得非常被動及消極，有些時候當我們與人(如：情侶)關係不好，我們便以「無緣」作解釋來推卸責任，而受拒絕者或被離棄者卻又以為自己該聽天由命！這種思想本身實在是太消極了，人不是受環境際遇操控，他有自主權選擇如何回應他的成敗得失，選擇自己該走的路。這也是基督教的人觀，人與獸有別就是因為創造主給人有自主，選擇他的道路(甚至對神反叛)。不錯，「緣分」的觀念可能令我們更能接受一些負面的現實，但在其中我們卻失去了自我。

基督教中「神的安排」的理念又有何異同？首先基督教的觀念是沒有「宿命論」的成分。「神的安排」是以神的善意為起點，無論是從創造論、神論、人論、救恩論的角度，我們都可以看見神在萬事的美意，不但維繫萬物和供應被造之物的需要，更從祂永恆的旨意與救贖的計劃施展祂的能力與慈愛。這便是約伯的朋友給約伯的勸喻：「至於我，我必仰望神；把我的事情託付祂。祂行大事不可測度，行奇事不可勝數」(伯五：8-9)。當然約伯在他痛苦的際遇中仍有掙扎，但他在認知上仍然是接納神至終的善意(伯九：10)。

具體來説，從男女「緣分」的角度來作比較，基督教的觀念指出神為人預備最好的配偶，人凡事有選擇的能力，神是重視關係的，救恩的宗旨也是要使人和好。可是人一切的籌謀至終是出於主的旨意，故此我們只能說：「主若願意，我們就可以活著，也可以作這事，或作那事」（雅四：15）。我們亦知道萬事是互相效力，叫愛神的人得益處。無論男女之關係，或是其他的事情，主的旨意與人的主權都是互動的。從救恩的角度，我們相信有預定的計劃，這是屬於神的主權與祂道德性的旨意。但在非道德性（non-moral）的範圍，神給我們很大自由走我們自己的路，在祂的主權下，我們仍然有我們的自主權，這與緣分的觀念是截然不同，您同意嗎？祝

主恩永沐

主僕

李耀全

我已四十二歲了，怎辦呀！

李牧師：

我是你的讀者，基本上也很同意你的觀點，但要解決問題仍是這樣困難。我在想——多點禱告而不要有甚麼期望吧！歲月飛逝，青春已去，我已四十二歲了，怎辦呀！我正是不知如何是好。為何耶穌給我這樣的面孔呢？您可否與我分享你的經驗來給我鼓勵呢？

CCC姊妹上

CCC姊妹：

您信中沒有說出您同意我的甚麼觀點，但您仍未能解決的問題卻是非常清楚，也就是適婚年齡快過而仍未有對象的「老問題」。事實上，中國人社會認為「男大當婚、女大當嫁」，教會卻陰盛陽衰，形成教會內不少姊妹耐心等待卻苦無出路！我感受未婚一族的無奈、聽見您們的感歎，而要先承認（作為已婚者）自己不配回應您的申訴。我在想，耶穌會如何回應呢？

CCC姊妹，您說「為何耶穌給我這樣的面孔？」從您的感歎中，我只能猜想您認為您長得不漂亮、不可愛，不能吸引男士。一個人美麗與否當然是與他／她的外貌有關，但事實上，除了五官端正有客觀的標準外，美貌卻是相當主觀，與感情有關的多是出於客觀條件。「情人眼裏出西施」相信也就是出於這道理。

去年年底我與來自美國的一個女作家唐曼華博士（Marva Dawn）一起在講台事奉。她現年五十四歲，右眼嚴重弱視、左耳又失聰、左腿因醫生誤診而殘廢，還接受過腸癌手術，出外常要靠輪椅，可説全無美貌可言。但唐姊妹卻常常滿面笑容，充滿喜樂，展露出活潑美麗的生命。她使我想起基督耶穌──「祂無佳形美容，我們看見祂的時候，也無美貌使我們羨慕祂」（賽五十三：2）。但主耶穌在我心中的形象永遠是光輝慈祥，是我歡喜親近的！CCC，您只管活出耶穌在您生命的活力，就能成為聖經所描述「才德的婦人」，因為「艷麗是虛假的，美容是虛浮的；惟敬畏耶和華的婦女，必得稱讚」（箴卅一：30）。

至於年齡已屆四十是否太遲呢？結婚的機會是否沒有呢？坦白説，在一般情況下，男婚女嫁已成事實，現在也是時候現實地衡量結婚的機會。客觀來説，如在二十年前，對於四十歲以上的未婚者來説，其結婚希望幾近乎等如零；但今日卻不同，男女已普遍遲婚，我也見證過一些遲婚的例子。可是您和我也必要承認選擇的空間不大，而不理想的因素也自然多。婚姻不能強求，若因堅持要結婚而接受不理想的條件不但不是幸福，更是陷入更大的痛苦！

CCC，我並不是叫您放棄結婚的念頭，乃是盼望您能接受有不結婚的可能。事實上結婚不是必然的。當您開放自己有不婚的可能，您就釋放了自己，讓神自己引導您。您未遇上理想的對象並不是因為您不具備好的條件，故此首先不要自憐，當您真正開放自己時，只有兩個可能，而兩個都是好的結果。一是您能自由自在地生活，不須守株待兔。二是當您生活得這樣活潑，您成熟的魅力和神的恩典亦可能帶給您意想不到的驚喜。最後讓我們以主的話互勉——「你們要先求祂的國和祂的義，這些東西都要加給你們了」(太六：33)。祝

主恩常在

主僕

李耀全

弟兄一腳踏兩船追求我的對象！

李牧師：

最近我曾向一位姊妹表示有意與她拍拖，而她正在考慮我的邀請。但與此同時，我卻發現有一位已有女朋友的弟兄正在祕密地追求這位姊妹！我該怎樣做呢？我應否告訴我團契的導師呢？

M弟兄上

M弟兄：

謝謝您給我的電郵。我看出您是一個用情專一的人，在感情關係上持謹慎的態度，亦很尊重別人，在男女關係上毫無隨便的行為，當然不能接受一腳踏兩船的情況，更無法接受花心的人。在今日仍然有像您這樣循規蹈矩的青年，實在令我感到安慰和雀躍。我相信您這種認真的態度是神所喜悅的，因為交友、擇偶、戀愛與婚姻的抉擇都有神的心意在其中，能小心辨識神的旨意是蒙福之途徑。神一定會為您預備最好的終身伴侶。

可惜不是人人都像您這樣感情專一，有些人會玩弄別人的情感，滿足自我(ego)，故此對現有的異性朋友厭倦後，很快便與另一個搭上關係，甚至嘗試一腳踏兩船，並引以自豪。若您所說是真的，那麼您所提的弟兄相信就是這等人了，他所作的是不負責任的，對不起他現時的女友。除了有用情不專之嫌外，他還破壞了教會肢體友好的關係，這是不該鼓勵的自私行為。「祕密追求」不是光明正大的表現！

不過在處理這事之先，您須要查明事情的真相。這位弟兄是否真的有了女朋友？他與女朋友是否已分手？既然您是私下與您那位姊妹約會，那位弟兄也不一定知道。看來您那位姊妹是有一定的吸引力，否則不會同時有至少兩個男性追求她。事實上，從情場公平競爭的角度來看，姊妹若不是名花有主，任何人都有權去追求她，姊妹本身亦有權自由選擇。從您所說的資料來看，您所追求的姊妹也不是隨便與異性拍拖的，她的「考慮」表示她也是謹慎交友的人。這樣看來您也不用操心，若姊妹是明眼的，她該知道選擇感情不專的人不是智慧之舉。

我不認識您，亦不認識您所指的弟兄，但假若您所說是真的，與導師分享您的感受與您的觀察是好的。教會團契的導師應該有足夠的經驗分辨是非黑白，作出適合的輔導。無論真相是怎樣，團契亦該有清楚的教導，讓弟兄姊妹能保持適當的肢體關係，又讓團契內男女私情亦能在自然異性吸引和正常團契生活中產生。在團契中，最好能有團友要多一點集體活動，這樣，即使是弟兄姊妹之間開始產生感情亦不要過急認定作男女朋友，因為這反而會妨礙雙方去發展成熟的感情。交友、戀愛與擇偶不一定是一帆風順，往往會一波三折，這是學習等候神的過程。要謹記萬事互相效力，叫愛神的人得益處。若您專心仰望神，您是不會錯過神為您預備的終身伴侶。祝

常常喜樂

主僕

李耀全

與女友性格有異，相處困難不懂愛

李牧師：

我寫信給你的目的，是詢問有關人生的問題。我覺得心裏有很多掙扎，而當我努力去克服這些問題時，卻發覺不是一件容易的事！

我喜歡完美充滿愛的關係，尤其是那些近身的關係我都願他們是完美可愛的！問題便在這裏。我女朋友和我是完全不同的人。作為基督徒，我活著的目標乃是「愛」，可是有時我真不知怎樣去愛！我不喜歡自己無法解決問題的感受，亦不喜歡把問題放在一邊，但我沒有耐性，又不喜歡自己沒有耐性而失去了理想的「自我」！

K.W.上

K.W.：

不錯，人生的路途充滿荊棘煩惱，往往心裏最大的掙扎是我們所認定追求的理想，無論是有關個人或有關我們的關係，與我們現實離開得太遠。您的處境，尤其是您和您女朋友的關係正正是令您煩惱無奈。不過毋須太過懊惱，認識問題存在已是解決問題最重要的第一步。

讓我嘗試了解您的心境。看來您似是一個完美主義者。「完美」本身是值得我們追求的美德，凡事若能盡善盡美，務求達致最高的標準，相信這是每個有理想的人的心願。坦白説，有誰甘作平凡的人，又甘心接受平凡的處境與關係？追求卓越、邁向理想是活潑生命的表徵，正所謂「人向高處走，水向低處流」也就是説明這個道理。作為基督徒，我們是以完美的主耶穌作為我們的榜樣，因祂是聖潔，故我們要聖潔；因祂是完全，我們就要學習成為更完全的人。K.W.，作為一個完美主義的基督徒，您對完美的追求是您的優點，但與此同時它也是您的弱點。因為追求完美是神所喜悦的，但若它成為一種「主義」，也就是説它本身成為一種操控我們的原則，奴役我們，反而令我們受束縛，取去我們在基督裏的真自由。因此不要陷入完美主義中，否則您在完美的理想與不完美的現實中之鴻溝，將永遠陷在痛苦中。

就以您所面對的困擾為例，您正在經歷男女朋友戀愛關係中的一些掙扎。我猜想您愈認識您的女朋友，愈努力去愛她，便愈發覺她有很多您不喜歡的性格與行為。於是您便更努力用「愛」去改變對方或一些您不能接納的東西。可是您欠缺耐性的性格使您心急如火，您完美主義的性情又令您坐立不安，甚至恨惡自己！K.W.，不知這是否準確？

若然，您要解決您的困惑，便先要重新了解何為「愛」！在人與人之間聖經教導我們要「愛人如己」。「愛人如己」

包括接納、忍耐、寬恕等情操。更重要的是應用「己所不欲，勿施於人」的原則。既然在「愛自己」時便要接納自己有不足之處、有不可愛的地方，同樣要愛別人也一樣要去接納對方。其實能愛那不可愛、不配受愛、不值得愛和那不能完全回報愛的人，才真正是愛。主對我們的愛就是這樣真實。若我們常常記得自己何嘗不是充滿令人不喜歡的性格，和我們也不過是血肉之軀，是永遠不完美的，那末我們也不會對自己這樣苛求，對別人也會更寬容！只有神才是完美的！

當然這種待人處事寬容謙卑的態度不等於處境本身自然會改變，我們仍然要適切地處理那不愉快的關係或問題。在男女關係上，這涉及是否要分手，因為神所賜的終身伴侶必定是能幫助您的配偶，不是格格不入的對象。這不是說可以把問題推到對方的身上，而是須要好好檢討自己的責任，免得以自己追求完美為理由，陷入自欺欺人的圈套(例如，以指出別人的不是來提升自己)。K.W.，願主的愛充滿您，給您愛的動力。祝

主恩常在

主僕

李耀全

拍拖七年由愛慕變欣賞

李牧師：

我自己也有一件事非常困擾。我信主八年，並在初信時與一位大學同學「拍了拖」七年，但我對他的關係已由愛慕變成欣賞，而我亦不能分辨對他的感情有多深，又懼怕會後悔……。

我覺得自己尚年輕，再加上我懼怕的成分很多，因此感到我對他的愛不是完全的愛，我真不知如何回應他求婚的事……

我和他的家庭經濟背景有很大分別，他是經濟支柱而我卻不用擔心家庭經濟……媽媽有時會有意無意傷了他的自尊心，如對他說：「不要擔心將來的居所」(言下之意是會買樓給我們結婚後用)。他說媽媽給他很大壓力，好像認為他沒有能力負擔供樓等問題……我缺乏信心與他同行人生的路……

另一方面，主的愛吸引我更想多認識祂，使我有力量去生活。希望您能回信給我，謝謝！

丁姊妹上

丁姊妹：

「拍拖」七年可說是一段頗長的時間，而您對他的感情已「由愛慕變成欣賞」了！但與此同時您對他的感情有多深卻未能明確，您還害怕會後悔，原因是甚麼呢？

首先，要愛一個人往往是要付上一定的代價。愛也是一種冒險。真正的愛不是停留在彼此吸引的階段，要進到更成熟的階段就要肯委身，而委身的意願就在乎您們是否已認定神的旨意，兩者是息息相關。

「認定神的旨意」，是指以一個尊主為大的心態思考、分析、等候，從各方面的因素評估您們現在的感情關係。不過這不單是祈禱，也不純是理性的分析。我感覺到您的感情與現時不少青少年男女的關係剛好相反。因為一般的男女都是憑感受或激情看他們的關係，但您卻是非常理性地思前想後。從正面來看，這是一件好事，在您人生大事上不會太感情用事。但從負面來看，一份感情、一段關係，並不是如處理一件事情般，可以完全把自己抽離，例如像置身度外地「欣賞」對方。真正的愛是一種要培養的感受，需下功夫，注入感情和付上一定的代價。

除了感情成熟與否外，我相信另一問題是您現時人生的目標與心志。從您的信件，我猜您約是廿五歲，又生長在一個富有的家庭，飽享家人的照顧。無論在人生經驗及學業，您可能都會覺得不足夠。還有，您似乎覺得要多一點時間專注在您個人的靈命長進，甚至有點心志想多事奉主。您現時所喜歡的都是好的，是值得追求的。不過，這些都不該構成您和他之間的決定因素。我的意思是，以上的考慮都不應影響您和他的發展；反過來說，您們的關係也不該影響您自己的追求。兩者並非互相排斥的。除非您對自己「不成熟」(not ready)的感受很強烈。若然，您便要清楚向他交待，不要拖拖拉拉。感情是不可勉強的。一個成熟有自信的人才能真正地愛與被愛。

不過，似乎您的懼怕是與您家庭背景有關，「門當戶對」當然是不少父母的理想，這是可以理解的。可是貧富只是條件上的不同，若是真心相愛，又把財富放在一個合宜的地位，它不該是構成感情關係的攔阻。除非您父母是較為世故，非常重視金錢(看來又不似！)，而您又夾在其中，不能體恤他不自在的感受，否則您便可理智客觀地看待您們的經濟現實。令堂相信是出於對您的疼愛，而您男朋友的反應亦顯示他是有志氣的人，不貪圖伴侶家庭富有。若然，貧富亦不是問題了。當然，我仍然認為現時並非談婚論嫁的時候，您們要先好好建立關係，彼此鼓勵成長，似乎您們還要加深彼此認識，並可考慮接受婚前輔導，婚姻大事當然要小心預備，不要讓別人、自己或對方給您壓力，多在神面前等候。祝

以馬內利

主僕

李耀全

如何抉擇婚事？

李牧師：

放工後收到你有關〈拍拖七年由愛慕變欣賞〉的回信，十分高興！

待我講多一些我和我男朋友的一些背景資料給你作參考。他是一位對信仰認真，對家庭非常盡責的青年。有時我會覺得他為家庭付出太多……但我的母親卻不太喜歡他(母親還未信主)，常覺得他待我不夠好，冷落我！我的情況就好像三文治中間的一塊火腿！我害怕「結婚後會後悔」是因為怕(雙方)家庭的問題會日漸嚴重。還有，他是一個不太有自信的人。

至於我，總括來説我是一位努力工作，更想認識神多些的女士，我和他喜歡在靈裏的分享，但我不知道我們應如何面對這段感情！

丁姊妹上

丁姊妹：

沒想到這樣快就收到您回應我給您的信，謝謝您對我的信任。

您在來信補添的資料讓我更明白你和你男朋友的關係。按您所提供的資料，我們有以下幾點可作討論：一、若父母不大支持您們的感情關係該怎辦？二、如何斷定婚姻的對象與感情的成熟度？讓我嘗試分享我一些觀察、推論與建議。

丁姊妹，我看出您是一個孝順的女兒，尤其是非常重視您母親的感受。我相信在您的家庭，您是一直受其他成員之愛護。我在想，您的家庭（尤其是您母親）對您無微不至固然是一件美事，但是否這種有過之而無不及的愛護使您溫暖的家庭成為一種安樂窩，令您不敢（或不願）離開呢？例如，當您母親認為他待您不夠好，甚至冷落您時，她是否亦正在表現出她未能讓您離開她身邊的感受呢？從您個人與弟兄相處，您認為您母親的評語合理嗎？是合乎現實嗎？您形容自己像「三文治中間的一塊火腿」，這是否意味著您一方面感受到弟兄對您的愛意，但與此同時在母親不大同意之下，您又不想令您母親不高興？您是否怕一旦與他結婚，日後便更要繼續夾在您母親和他中間成為磨心石呢？其次，不知您和他在經濟背景的差距上對您自己有多重要？

相信您是明白聖經的教導——「因此人要離開父母，和妻子連合，二人成為一體」（創二：24）。重點是「離開」（leave）父母和「連合」（cleave），即與配偶聯合。新家庭的組織是由原生家庭成員成熟的時候，離開照顧了他多年的父母，另行與另一半，也即是神所預備的伴侶，組合而成的。「離開」是在住家及依附的關係中脱離，並不是一刀兩斷，斷絕親情的意思，更不是不用孝順的意思。相反是以一個成熟了的成人角色建立自己的家庭，包括如何維繫良好的姻親及父母的關係。您愛家的情意結是否使您在自己的感情生活上卻步呢？我認為這是您目前的關鍵問題。

當然，同樣重要的是辨識您們是否已成熟進入婚姻的關係。在您的回應中，您首次提出他是個不太自信的人。我無法從這輕描淡寫的形容清楚了解他的性格。不過從他對您母親的反應來看(上一封信)，他卻是像有骨氣的人。另您也多次表示「欣賞」他對信仰的認真和家庭的責任感，並且表示喜歡您們二人之間的靈交。您對自己亦有好的要求，在工作上努力又在靈性上有追求。我直覺感覺您們相愛的方向是正確的。您們要多為您們的關係禱告，祈求主的印證。您們可以早一點接受婚前輔導，透過心理性格測試二人關係的配搭，並透過導師面談進一步彼此了解。願主的愛成全您們。祝

福杯滿溢

主僕

李耀全

離婚與再婚

李牧師：

我認識一位姊妹，她七年前與弟兄結婚，一年後，發現他因賭博欠債、姊妹已幫他還錢，但弟兄性情大變，常常虐待姊妹，於是兩年前姊妹已與他離婚。現在，有弟兄正追求姊妹，那姊妹可以再婚嗎？是否因淫亂而離婚才可結婚呢？她實在很辛苦啊！

煩惱的人上

煩惱的人：

在坊間有一句名言：「愛是盲目的，而婚姻使我們的眼目明亮過來」。可惜的是這往往是我們見證的悲劇。結婚不夠一年就亮起紅燈，不足五年就分手。令我痛心的是基督教會再不能說這只是社會的風氣，而教會是不同的，因為教會內離婚的個案正在急劇上升！因賭博而債務纏身，又導致性情惡化及暴力虐待太太，最後又離婚，說明貪財是萬惡之根。事實上姊妹已是這婚姻的受害者，問題是這是否因為她離了婚便不能再婚，注定她一生便沒有幸福呢？

離婚與再婚是一個相當複雜的問題，並不是三言兩語可以解釋得清楚。首先所有離婚與再婚的討論要由馬太福音五：32和十九：9開始，因為在這兩處經文耶穌都提及除了「淫亂的緣故」，離婚又再婚對夫婦都等同犯姦淫。經文是從丈夫的角度寫的，但應用在夫妻上該一樣。在神的眼中，無論是在舊約（申廿四：1-4）或新約（可十：11-12；路十六：18），離婚都是不許可的，除非在婚姻關係出現「淫亂」（新譯本：「不貞」；NIV：「marital unfaithfulness」）。要明白耶穌的立場便要先了解耶穌當時（太十九）是回應法利賽人對祂的試探。昔日猶太拉比中有兩個學派——撒買（Shammai）學派和希列（Hillel）學派。他們對申命記廿四：1-2中「有甚麼不合理的事」（休妻的理據）有不同的解釋。撒買派認為經文中「不合理的事」是指在婚姻不忠貞。希列派卻濫用「不合理的事」的解釋，把它等同「（丈夫）不喜悅他（太太）」。故此若太太作飯把食物燒焦了或類似的小事，也可以構成丈夫休妻的理由！在耶穌的回答中，祂明顯地肯定「不合理的事」等同「淫亂」，而婚姻中有不忠貞才構成律法容許離婚的唯一理由。耶穌似乎不容許其他的解釋，免得人濫用這「理由」。

耶穌在回應法利賽人的問題之前卻清楚指出婚姻的原意。故此任何離婚都不是神的原意，只是因為人「心硬」才在律法中提供出路。這律法的出路，綜合新舊約的理念，是要合理的，正如婚姻出現不忠貞的行為，才容許離婚與再婚（同樣保羅亦強調夫妻不可彼此離棄，參林前七：10-16，這是從福音的角度而説的）。

以上的聖經教導是叫我們不能隨己意用「不合理的事」為理由解除婚約，它是説明神看婚姻是一生一世的。問題是在某些情況，如配偶受對方虐打（是明顯的受害者），是否離婚與再婚便是容許的呢？答案仍然是——「這不是神對婚姻的原意」。不過這並不等同神要受害者（甚至傷害配偶的人）永遠沒有幸福或回頭的機會。神的恩典是大過我們的軟弱及罪過。福音就是千萬個浪子回頭的故事，而事實上我們也見證無數的人與關係得到神所賜再生的機會。神秉行公義施憐恤，不永遠發怒。按聖經的教導我不能説離婚與再婚是神的原意，但同時從神的大愛與救贖的角度，我卻要説神的恩典是大過我們的軟弱。就讓主旨成全吧！但再婚不一定是神醫治失婚者唯一途徑，再婚亦不保證日後姊妹有幸福。故此姊妹要清楚明白神的旨意，尋求輔導。願主保守您們。祝

靠主得力

主僕

李耀全

喪偶六年……再婚？

李牧師：

本人於六年前喪偶，這數年間有無數弟兄追求，但礙於「喪偶之痛」，加上在喪偶期間，有神的提示將來要接受某弟兄（當時是同事），這感動一直放在心裏。直至最近搬家了，以及這弟兄生日，我便寄上生日卡及告之搬家之事，但卻沒有回音！李牧師，請教導姊妹仍等候某弟兄（現已不是同事關係）還是接受其他弟兄，因我不想草率，你贊成我將來再婚嗎？祝

生活愉快！

蔡姊妹上

蔡姊妹：

「喪偶之痛」的哀傷被心理學家Holme和Rahe列為眾多壓力元素之首，故此難怪您喪夫之痛至今仍未得到徹底的解脱。相信您與丈夫過往一定有段美好恩愛的關係，令您對他的愛至死不渝。不過生命全在主的手裏，有誰人能測透恩主的心意？從人的角度來看，您為亡夫哀傷的日子也該是滿了（一般正常的哀悼期不應是這樣長）。

從神的角度來看，神的應許是——凡事互相效力，叫愛神的人得益處。神使我們心靈的創傷得醫治，使我們在暴風雨後重見彩虹。

蔡姊妹，相信您是清楚喪偶後再婚是有聖經的教導，是神容許的。在舊約波阿斯迎娶路得的故事就是一個典型的例子。路得如何在田間巧遇波阿斯，經文一方面描述路得的賢德，另一方面又描述波阿斯超乎責任地厚待路得(得二：8-16)。這段路得田間撿麥穗的故事不但透露同情，也相信有鍾情。路得雖然是摩押女子，但卻蒙神恩典被列入大衛，甚至耶穌的家譜。我希望在這故事突顯的是兩件事：一、神對人是有恩典的，喪夫的路得在田間拾穗能巧遇波阿斯是有神的安排；二、波阿斯與路得雖是巧遇，卻發展一段清楚愛的關係。盼望這故事對您有所啟迪。

在您的情況，您信中提到的幾樣事是值得反省的。在喪夫期間，您已有「神的提示將來要接受某弟兄(當時是同事)」。這事對您來説非常重要，因為您一直把它記在心裏，而最近又因搬家及這前男同事生日而寄上祝賀。我欣賞您的純情和對人的關心。但若這位男士至今還沒有回音，是否已清楚表示他不會(或不想、不能)回應呢？有時要分辨是否單戀(暗戀)或是真正的相戀並不是容易，主要因採取主動的一方不易放棄，會把任何的反應都看為一線的希望。要解決這問題其實不難，只需您再次清楚(最好面對面)表示關心，若沒有任何「積極」的反應就要決斷地放棄，免得自作多情。要記得您當初的感受可能是因為您在喪夫哀傷中得到他的幫助或安慰而產生好感，是憐是愛卻要分辨清楚。

在這六年間您亦有「無數弟兄追求」，反映您有一定的魅力。神容許喪偶的人再婚（羅七：2-3）。雖然保羅說寡婦守獨身是好的，但基於我們肉身的需要，再婚是恰當的（林前七：8-9），寧願再婚也不給敵人有辱罵的機會（提前五：14-15）。除了要與信了主的人結合，聖經卻沒有其他指引。不過無論是第一次或第二次（即喪偶後）結婚，當然也要等候神的心意，要慢慢與追求者建立關係，多點彼此認識，並要尋求牧者對再婚的輔導。正如您所說，不要草率，要專心仰望神，祂必為您預備。祝

主恩常在

主僕

李耀全

性慾疑惑

您男友對您有「毛手毛腳」的行為，但在您的拒絕之下，雖然他不開心，卻沒有「再進一步」。看來您男友仍然是一個有原則的人。

不過無論大家的界線是否有差別，願意尊重對方的底線仍然是重要的，亦是一種愛的考驗。當然這亦假設了所持守的底線是合乎聖經的教導，且是合情合理的。

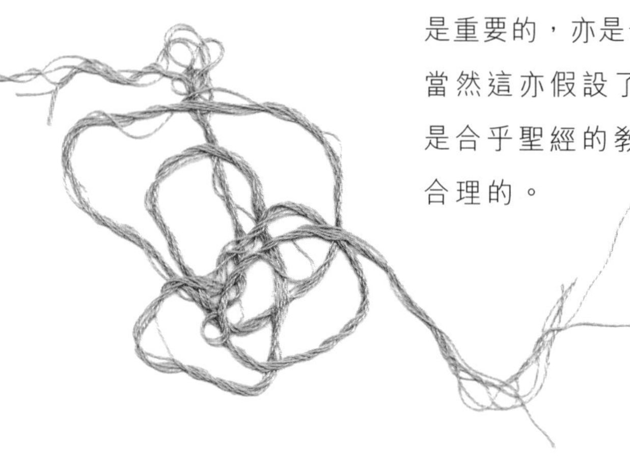

看女孩子的身材可以嗎？

李牧師：

在未信主前，我很喜歡看女孩子，包括漂亮的面容、身材及不同的部位，甚至看鹹書及鹹片。後來信了主，感到看這些東西很有問題，便把它們扔掉了。可是最近看了楊牧谷牧師的《壞鬼神學》，在第四十八頁中說他愛美(我不知道他是不是愛看，他只是看到會感動)，結果我又開始看女孩子，愈看愈舒服，有滿足感。

李牧師，我仍有些地方不明白：

一、到底我們能不能看女孩子，尤其是她們的身材？

二、為甚麼我會愛看異性，這種是否人犯罪以後才有的罪性，還是人本身的天性？

三、為甚麼我們會愛看異性的胴體？除太太外，可以看別人裸體嗎？

四、我們該以怎麼樣的態度來看裸體的雕像或畫像呢？

很多問題的信徒上

很多問題的信徒：

多謝您的電郵！好一封令我不安的信，但您那坦白誠懇的自白，其實也說出不少弟兄悶在心裏卻覺得不能啟齒的掙扎。您的信頗長，因篇幅所限我已將您的信稍作濃縮。

看美女對與錯完全在乎您的心態。若果您所指的是您未信主前的心態，您自己也知道這是不好的，因為您是用「色情」的眼光來看異性，無論是直接接觸或是間接（色情刊物）都是不對。您信主後已克制自己眼目的情慾，這實在是難得，可惜您又因對《壞鬼神學》產生的一些誤解而回到「老我」，用「色情」的眼看女性來滿足心中的慾念。

重看楊牧師所寫的文章，發覺他乃是從他參加同學婚禮稱讚新娘美麗而被指摘所作的反省。簡單來說，他的言論乃是想指出神創造一切萬物與人類之美是該令我們感動和感謝的，故此人漂亮是值得稱讚的。坦白說，他所指的審美和賞美的領會與您帶著強烈情慾的眼神看女性有天淵之別。恕我直言，我們千萬不可被魔鬼欺騙，讓我們濫用或誤用了審美的藉口來放縱自己眼目的情慾。耶穌警告我們：「凡是看見婦女就動淫念，心裏已經犯了姦淫」（太五：28）。盼望您（和讀者）不要以為我言重了，因為您所謂的「舒服」或「滿足」，即使不是淫念，也相距不遠！

異性之間自然的吸引是與生俱來的，正如人類的始祖亞當一看見神創造的女人夏娃，他就驚歎地說：「這是我骨中的骨，肉中的肉……」（創二：23），意思就是女人是美麗無比的。神創造人類是照著祂的形象創造，有男有女（創一：27），因此男女有彼此配合的意義，神亦稱這一切為「都很好」（創一：31）。男女吸引是人的天性，慾念才是犯罪的結果。

在神的計劃中，神賜大多數人有夫妻之間的關係（當然亦賜一些人獨身的恩賜），好讓男女在夫婦肌膚之親的關係裏能彼此享受肉體的親密——「夫妻二人赤身露體，彼此都不覺得羞恥」（創二：25）。故此在婚姻關係以外，故意看異性的裸體便是淫念，聖經把它形容成與妓女的關係一樣：你心裏不要貪戀她的美色，也不要給她的媚眼勾引（箴六：25）。當你用色情的眼神與心態看異性，你便把她看為妓女一般！

人體的雕像與畫像藝術，與色情的東西是截然不同。簡單來説，藝術讓我們能欣賞神創造之美麗與偉大，使我們對神更加敬畏；相反，色情的東西挑起我們的情慾，使我們對自己更加放縱。保羅督促我們説：所以要治死你們在地上的肢體，就如淫亂、污穢、邪情、惡慾和貪心，貪心就是拜偶像（西三：5），以此互勉。祝

靠主得勝

主僕

李耀全

怎能防備性犯罪？

李牧師：

您好！本人對數月前傳媒所報道的天主教教牧孌童事件感到難過及憂傷。我偶爾聽聞基督教圈內亦有這類事件，那麼教牧與信徒該怎去防備性犯罪呢？另我想分享小小體會，望李牧師給寶貴意見。

我發現教牧及某些經常忙於事奉的信徒，都用了很多時間和精力去處理教會事工、服事弟兄姊妹，這些都是很可貴的；但這又會否令他們忘記去愛惜自己呢？又能否建立獨處的空間去與神和親人建立關係呢？若我們的內心經常失衡、空虛，性犯罪就可得著霎時滿足（這是一名曾性犯罪的神父的剖白）。撒但很會對準我們的弱點來攻擊我們的。

一信徒上

一信徒：

天主教神父孌童事件實在是令人感到難過，因為神職人員出賣了信徒對他們的信任，利用了兒童及少年的無助來滿足自己的情慾，實在是可惡無恥！您的分享實在是非常寶貴。不錯，教牧與信徒領袖往往扮演「馬大」的角色而失去「馬利亞」的福分，忙於事奉、忘了修靈，結果意圖作別人的師傅，自己卻反倒被棄絕。屬靈操練是由內在生命開始而延伸到外在生命，同時外在生命的事奉又使內在生命更豐盛，兩者是相輔相成。忙於事奉的信徒因疲於奔命，缺乏屬靈的餵養，故此靈性軟弱，失去屬靈的敏鋭，當我們放下了道德的防衛時便很容易犯罪，撒但也會乘虛而入，令我們陷入試探。

不過我們所關注的罪案，不是一般信徒所犯的罪過，乃是神職人員及教會領袖濫用職權，明知故犯，侵犯下屬或信徒，這包括現時天主教神父的醜聞，還有基督教牧師與傳道人利用牧養與輔導之關係進入越軌性行為的醜聞。這些事件的共同問題，是在於一種權力極度不平衡的權力架構中，掌權者沒有有效的問責機制，而弱勢者(受害者)又沒有有效的投訴途徑，尤其是在宗教團體，我們很容易濫用神的話語和祂的權柄作個人的權柄。教會的神父與牧師本應是執行紀律、秉行公義的一羣，但事實上卻往往言行不一，加上在現時「保護私穩」的藉口及沒有健全問責的情況下，教牧人員很多時都放下了防線，自欺欺人地用「愛」的名義犯罪！

天主教神父要放下婚姻的關係，但不一定每個都有獨身自守的恩賜，結果他們便利用自己的職權來滿足肉體的情(性)慾！基督教擺脱了宗教的建制，重新強調人人在神的面前交賬。可惜的是，雖然原則上這是最理想的道德操守途徑，事實上人性是軟弱的，沒有清楚的問責，我們仍然會犯錯。故此我是主張教會在決策及執行紀律時，牧者要有清楚的問責制，執事長老亦要向上向下作清楚的交代，會友之間亦要有「聖約小組」(covenant Group)的機制(參拙作《屬靈操練與生命關懷》，頁280-222，248-250)。您同意嗎？祝

愛主更深

主僕

李耀全

男友對我毛手毛腳怎辦？

李牧師：

你好！我是一位信主十年的姊姊，男朋友則信了八年。我們一起返教會，拍拖也有五年了，還打算結婚。雖然我們在拍拖期間並沒有發生性關係，但最近他常對我毛手毛腳，即使我對他說我不喜歡這樣，希望待結婚後才作這些事，但他不認同。他現在已沒再進一步，但他卻顯得十分不開心，這問題亦影響了我們的感情，我亦有為彼此祈禱，但這情況似乎有惡化，我該怎樣做？

Selina上

Selina：

Selina，您與男友的困惑令您不知所措，左右為難，您的心情是我能理解的。身為基督徒，您是相信對男女親密關係與婚姻，要保持聖潔的心態與行為，這是我欣賞又認同的。在我們這個性開放的社會，常見不少男女在地鐵及其他公共場所旁若無人地有極之親熱的表現。男女授受不親已屬舊社會的了！在這種氣候中，您仍然對親密行為表現持守高尚的價值觀，這是可喜可賀的。

但這是不容易維持的標準，而令您最矛盾的是您男友亦在此事與您有分歧，並且因為您不願降低您的標準使您們關係惡化，確實是令您進退兩難。在這種情形下彼此祈禱是不容易的，但卻是首要的，故不要放棄！

從信中的資料來看，您男友有「毛手毛腳」的行為，但在您的拒絕之下，雖然不開心，卻沒有「再進一步」。看來您男友仍然是一個有原則的人。您和男友一起到教會有八至十年之久，又拍拖了五年的時間，還打算結婚，看來您們的關係不算淺。從友誼至戀愛再進入婚姻是一個漸進的關係，親密的程度亦應該是漸進的，例如拍了拖五年的情侶也不會滿足於單拖拖手仔了。故此問題是您們親熱的程度是否與您現時關係的成熟度相配，而二人的尺度是否一致。不過無論大家的界線是否有差別，願意尊重對方的底線仍然是重要的，亦是一種愛的考驗。當然這亦假設了所持守的底線是合乎聖經的教導且是合情合理的。

以上的原則我想該是清楚的，如何應用卻要進一步了解您們的實況才能給您意見。關鍵是那些令您不高興，認為應在結婚後才可以的行為是指甚麼？若它是指愛撫性敏感的部位或性交的前戲(只是還沒有性關係)，那是非常危險的行為，隨時會一失足成千古恨，當然要臨崖勒馬，千萬不可為魔鬼留地步。婚前過分肌膚之親會帶來內疚、減少婚姻性生活的新鮮感和彼此之間的信任，甚至提高日後婚外情的可能。婚前先嚐禁果實在是後患無窮，故不能掉以輕心。如您男友有這種性慾的衝動，您一定要堅持拒絕，並且盡快找導師或牧者輔導，不可拖延。

假若您們已彼此對婚姻有承諾（打算結婚）而已到了適婚的年齡，我認為您們該早一點考慮結婚，接受婚前輔導，配合您們關係的成熟度。否則您們都是血肉之軀，拖延下去遲早會情不自禁，鑄成大錯。這正是保羅所言：「倘若自己禁止不住，就可以嫁娶。與其慾火攻心，倒不如嫁娶為妙」（林前七：9），盼望您盡快處理您們的問題。祝

主恩常在

主僕
李耀全

與男友發生性關係，痛悔揮之不去

李牧師：

我和男朋友都是基督徒，但我們曾發生過關係，雖然我們都十分後悔，並且立定心志不再犯罪，祈禱悔過，現在也投入事奉，並打算結婚。但是這罪至今仍成為我的一個心結，一個污點，我實在不曉得應該怎樣去處理我這個幽暗處，非常痛悔。請問我該怎麼辦？

Kary上

Kary：

謝謝您給我的電郵，更多謝您對本人的信任。您鼓起最大的勇氣把您內心幽暗之處的痛楚都說出來，絕不是簡單的事！我非常樂意與您分擔您的擔子，但願我給您的輔導能給您幫助，亦使其他犯了同類罪過的弟兄姊妹得到幫助。

在我嘗試幫助解開您的罪疚之前，讓我重申聖經的教導，好叫我們不會輕看神的教訓。保羅說：「神的旨意是要你們聖潔，遠避淫行；要你們各人曉得怎樣用聖潔尊貴的方法保守自己的身體；不要放縱邪情私慾，像那些不認識神的外族人一樣」(帖前四：3-5；新譯本)。從約瑟受波提乏的妻子引誘的例子來看，性的引誘出自性需要與性吸引。它往往被化為合理的藉口，並發生在日常工作與生活中。我們要逃避試探就要像約伯一樣立志：「我與自己的眼睛立了約，決不注視處女」。在拔士巴事件中，大衛王沒有逃避眼目的情慾，結果錯了又再錯。應用在男女拍拖的關係上，以上的聖經提醒我們要逃避孤男寡女所帶來的試探，務要持守貞潔的行為。男女互相吸引本是神創造中的設計，而神亦設立婚姻關係之制度，讓人能盡情在婚姻內去享受肌膚之情，故此婚前性行為是神所不喜悅的事。Kary，您來信中充滿悔意，其實正是反映您對以上的聖經教導是絕對認同的，盼望您仍繼續持守。

Kary，您和您男友情不自禁，初嚐禁果之後深感內疚，在禱告悔過後，現在還未能擺脱罪的陰影。從聖靈的工作與及其對人良知的影響來看，這種感受反倒是正常的第一反應。相反當一個人屢錯屢犯，就變得麻木硬心，再沒有罪疚感。罪疚的痛苦、絕望、羞恥和恐懼使我們歸向神，正如大衛到神面前懇求説：「求祢將我的罪孽洗除淨盡，並潔除我的罪」(詩五十一：2)。犯罪後有罪疚是正常的，悔改後仍持續有罪疚才是不正常的表現。若您已悔過又已悔改，就不該長期內疚。

悔改後事奉是否有助擺脱內疚呢？首先我相信您明白您不能以功贖罪，不能積德補過。再者，若我們不是手潔心清又如何可以事奉神呢？與其帶著罪疚事奉，倒不如先處理內心的幽暗，事奉工作本身不能除去罪疚。另外您們打算結婚，這是有責任的做法，但要尋求神的旨意，不可用結婚作為罪過的彌補。

那末心靈中的幽暗又如何擺脱呢？首先我們要認定這是神自己的工作——神稱我們為義就沒有人(包括自己)能控訴(羅八：33)！除去內疚亦需要事主真正的悔改及完全的認罪，正如大衛所説：「我要向耶和華承認我的過犯」(詩卅二：5)。我不能肯定，但我總覺得您們在悔改認罪上，雖然已自己努力遵守，但卻需要更具體的行動，例如您們各自可寫下悔過書，然後彼此交換並彼此饒恕。最好能在一位您們二人都能信任的人面前向神認罪。這事之後亦可以一同分享詩篇五十一篇的感受，基督已勝過罪的束縛，在主裏得赦的人也能擺脱罪疚的束縛。祝

以馬內利

主僕

李耀全

探索性犯罪引致罪疚感的因由

李牧師：

在回答〈與男友發生關係痛悔揮之不去〉一文中，你似乎沒有鼓勵求助者發掘一下她痛悔揮之不去的原因。

因罪而痛悔是正確和可以理解的，但認罪後，仍不能相信神已接納我們，就應該涉及其他神學或心理的原因。在這心結未解前，再向另一個人認罪看來不一定有多大幫助。抑有進者，她連神的擁抱仍有懷疑，又怎能從心裏肯定這另一位主內肢體的接納呢？

話說回來，能找到一位可信賴的人傾心吐意是美好的，可以透過有形的肢體重建與神的關係，更是福氣；但假若客觀環境不是如此，這位姊妹不妨直接向神陳明這份困擾，給自己多一點時間和空間去了解內心的苦痛，認識其中的根源。

我深信聖靈會陪同我們走過去。不單要溫柔地清洗及撫平傷口，還會豐富地顯出生命的能力來。

袁上

袁：

謝謝您的回應，〈全心信箱〉能引起這樣的意見交流令我十分興奮，因為若是欣賞的話，它便成為我的鼓勵，但若是一些評語，則更成為我進步的機會。故此我衷心感激您，盼望我給您的答覆對您及來信者Kary都有幫助。

Kary的來信，是因她對與男友發生婚前性行為感到十分內疚，痛悔揮之不去而來信求助。我給她的建議是用「更具體的行動，例如你們各自可寫下悔過書，然後彼此交換並彼此饒恕。最好能在一位您們二人都能信任的人面前向神認罪。這事之後亦可以一同分享詩篇五十一篇的感受……」從您的反應來看，您是認為我「沒有鼓勵求助者發掘一下她痛悔揮之不去的原因」。您的評語實在是非常寶貴，就讓我分享我為何如此回應。

〈全心信箱〉是一個公開的園地，故此我會十分小心回應每一封信，避免誤導其他讀者，讓讀者誤用或濫用了當中的文字。例如上述這封信，我一方面要幫助求助者除去內疚，另一方面又要小心不太輕率、太開放，以致一些讀者輕視這類過犯，認為可以掉以輕心，事後認錯就一了百了！故此我也用了不少篇幅是涉及聖潔心性的教導，鼓勵信徒逃避試探。在檢討之下，我認為這一部分可以更精簡，讓我有多一點空間回應Kary最切身的問題。接著，我才進一步處理姊妹的內疚。

內疚其實主要有兩種：應受的罪疚（earned guilt）和不應受的罪疚（unearned guilt）。應受的罪疚指因某種罪行而心受責備，這是聖靈的工作，使犯罪信徒知罪，讓他能知罪而悔罪和悔改。不應受的罪是認罪後仍存內疚，或基於不能滿足別人不合理的要求而感到內疚。例如在這個案中，Kary和男友在犯錯感到非常痛悔。這是一件好事，因為他們的良知使他們回到神的面前悔改認罪，是神所喜悦的行為。但Kary悔罪後仍不得釋放，故此便進入第二類的內疚。因篇幅的緣故，我便非常濃縮地指出不能以功(事奉)贖罪，也不能為罪疚而結婚作彌補。當然背後她的內疚可能是基於她對神的觀念(如：神是嚴厲不放過人？)或她對罪的認識(如：犯罪就要不停地贖罪？)。身為專業心理治療師的我，當然知道背後必有「其他神學或心理的原因」，但既然信中沒有透露這方面的資料，我惟有鼓勵她找一個信任的人傾訴。我同意這並非容易的事，因為我們的教導是個別到神面前認罪的，但這正正是我要針對的問題。基督教在改革中把向神父告解並且罪得宣赦的聖工都摒棄了。身為福音派的我，認同只有基督是我們的中保，而神才真正能饒恕我們的罪過，我們得救是本乎恩乃因著信。可惜在這改革中，我們的牧者(或屬靈的長者)失去了一個重要的職責，便是「和平的使者」使人與人和好，亦與神和好。保羅說：祂藉著基督使我們與祂自己和好，並且把這和好的職分賜給我們(林後五：18-20)。因篇幅有限，若您有興趣可參看拙作《心靈輔導》中「靈友」與「屬靈導引」的觀念。祝

主恩永沐

主僕

李耀全

俗世洪流

做人父母真不容易，自己女兒想參選港姐，明知她若走上這條路必會遇上種種誘惑，但她已是成人，故只能勸告卻不能阻止，您的焦慮自然難以消除。我自己亦有年齡相約的女兒，坦白說，若她們堅持參選同類的比賽，相信我也會一樣感到煩惱但又束手無策。

除非一個人真的有顯著的演藝才華與潛質，我會基於娛樂圈並不是一般人能成功的行業，不會鼓勵人投入。但假若年青人不試不甘心，我卻不會把它看為叛逆的行為或滔天大罪，免得破壞了父母與子女的關係。

半薪請印傭可以嗎？

李耀全牧師：

您好！很希望您能為「基督徒應否以半薪(月薪港幣一千多元)聘請印尼工人」一事，給我一點意見。我不太懂法律，但據我所知道，這是不合法的，那就是說不應該的，是嗎？

可是我的丈夫現已四十歲，我們都很希望有自己的兒女，但由於經濟原因，我們必須一同出外工作，因此沒有傭人便無人照顧他們了。但我們不能負擔每月港幣三千多元的薪酬，若是半薪則可以，但我怕會為了一時的方便而觸犯法例，得罪上帝！李牧師您見識廣博，定能給予相關的意見和指引，等候您的回覆，謝謝！敬祝

主恩常在

游姊妹上

游姊妹：

謝謝您的來信，好一個實際生活的問題。面對著今時今日經濟的困境確實是一件頭痛的事。故此我是十分

同情您的處境。不少人在這樣的情況會不顧一切、千方百計、不擇手段地解決問題，作出非法的行為。雖然您亦可隨波逐流，但卻不願因此得罪神，這是我所欣賞的。

不錯，政府已規定了家庭傭工的薪金及僱主僱員的責任，為要保障雙方的利益。故此，正如您所知，用半薪聘用印傭是不合法。每一條勞工法例必定有它的法理，勞方若沒有至低人工的法律保障，就會被僱主操縱。您丈夫一樣在工作上有類同的保障，假若他失去了這些保障又有甚麼感受呢？己所不欲，勿施於人！

聖經強調我們要公平對待僱工——「你們作主人的待僕人也是一理，不要威嚇他們，因為知道他們和你們同有一位主在天上，祂並不偏待人」(弗六：9)。在舊約，摩西的律法亦指出僱工應有公平待遇——「困苦窮乏的僱工，無論是你的弟兄，或是在你城裏寄居的，你不可欺負他。要當日給他工價，不可等到日落；因為他窮苦，把心放在工價上，恐怕他因你求告耶和華，罪便歸你了」(申廿四：14-15)。以上的經文都一致指出公平對待僱工是應該的。

我想我是明白您心中的願望。丈夫已年屆中年，您們夫妻二人亦希望能早日有自己的兒女。最理想是您能在家照顧孩子，但卻又因經濟的因素，您打算出外工作，故此聘請傭工是您唯一的選擇……問題是在您的理想中，每一樣都是必要的。在抉擇時，您把每一樣「願望」(wish)看為「需要」(need)，又不願取捨時，您其實是想把您的要求「合理化」，像是在告訴自己用半薪聘請傭工是迫不得已的。這種推論實在有自圓其說之嫌呀！

其實是否真的有傭人才能有兒女呢？在外國很富有的人才會有傭人在家裏幫手，一般人都是靠自己。若要自己在家看顧孩子，沒有第二份收入是否完全沒有可能呢？假若生活更簡樸一點是否仍可以過活呢？反過來說，若能在外找到工作，您的工資一定是比家務的傭人更高，這樣您仍然可以接近您的理想。其實相對來說，用半薪請印傭不過是幫您每月節省了千多元，差額並不是這樣大！若您能放下某些個人的要求，集中找一份適合您的工作，您會發現用公價聘請傭人仍是可能的。以上只是一些個人的提議。

您既然早已知道您的想法是不合法的，那末就不該知法犯法。您和您丈夫該一起學習信心的功課，透過禱告把您們的心願交託給主，主必按祂自己的美意祝福您們。祝

福杯滿溢

主僕

李耀全

我的女兒要選港姐

李牧師：

我二十歲的女兒很想參加香港小姐選舉，雖然她說參加的原因只是想見識一下，也預料自己不會入選，但她也不諱言如能入選便會很開心地加入娛樂圈。這事令我十分困擾，一來害怕她進入娛樂圈，更不希望她穿著泳裝拋頭露面。

我曾勸她不要參加，她團契導師也不贊成她參加，但我們都未能成功勸服她，還說今年不能入圍，下年也會繼續嘗試。

李牧師，你贊成她參選嗎？我該怎樣做呢？

一媽咪上

一媽咪：

謝謝您的來信。做人父母真不容易，自己女兒想參選港姐，明知她若走上這條路必會遇上種種誘惑，但她已是成人，故只能勸告卻不能阻止，您的焦慮自然難以消除。我自己亦有年齡相約的女兒，坦白說，若她們堅持參選同類的比賽，相信我也會一樣感到煩惱但又束手無策。不過，單單反對是沒有用的，我們倒不如嘗試了解年輕的少女為何對參選港姐有這樣強烈的興趣。

我們要先問香港小姐選舉有甚麼吸引？坦白說，我本人認為比賽中一些小玩意是極之幼稚，並且對司儀所用的低級趣味（他們認為是「幽默」）與口吻甚為反感，因為它有侮辱參賽者之嫌。近年這些主辦機構為了避免被人批評比賽只是「選美」，他們在節目中加插了一些常識問答，但可惜這些環節卻更顯出一些參賽者的無知，實在令人吃驚。一般來說，參賽者是貪圖虛榮，期望用三分美色一舉成名，除了頗大的獎金與獎品之外，當選者往往有機會投入娛樂圈，名成利就，何樂而不為？！當然，事實並非如此簡單，若真的入了娛樂圈，又是危機重重、陷阱處處，不要說維持基督信仰，連正正式式做一個實力派的藝人也不容易。您作為母親的，眼看女兒要踏上危機四伏之路，又怎能不擔心呢？

不過，雖然我認為參選港姐意義不大，但美麗不是罪，參賽本身並不是罪。我當然不會鼓勵因要選美而在眾目睽睽之下穿泳裝的行為，但這種表現卻未曾超越現時社會的「不雅」標準。娛樂圈的確是有它潛伏的誘惑，但它本身卻是歷史悠久的行業。基督徒在娛樂圈不易生存，但這不是說完全不可能，影帝喬宏與不少藝人之家的成員就是一些好例子。有見證又成功的藝人不多，但他／她們卻可以有很大的影響力。總而言之，除非一個人真的有顯著的演藝才華與潛質，我會基於娛樂圈並不是一般人能成功的行業，不會鼓勵人投入。但假若年青人不試不甘心，我卻不會把它看為叛逆的行為或滔天大罪，免得破壞了父母與子女的關係。

事實上，您的掛慮有可能是過早了，因為要入娛樂圈本身已是不容易的事，更談不上日後如何踏上娛樂圈之路。若然要在參選一事上與女兒關係破裂，不如讓她知道雖然您很擔心她作出此舉，但您永遠是她的母親，若有甚麼難處您仍在她身邊幫助她。我不認識您的女兒，但按我有限為父為師的經驗，青年人的自我形象都是傾向偏低的，往往當他們被人讚賞，被人肯定就會得回一點自信，尤其是受到異性讚賞他／她們英俊貌美，更會沾沾自喜。故此我們要多一點留心讚賞青年人，指出「內在美」的重要——「艷麗是虛假的，美容是虛浮的，惟敬畏耶和華的婦女必得稱讚」(箴卅一：30)。您同意嗎？祝

以馬內利

主僕

李耀全

龍鳳帶有偶像意義？結婚棄穿傳統裙褂？

李牧師：

您好！看過你的文章，在當中獲益不少，非常感謝！我也有些疑問，希望可以跟您分享！

有朋友跟我説，在結婚的時候，她不會穿那些中國傳統裙褂，因為上面的龍鳳讓她感到不平安。她説看過一些書和資料，指出龍鳳帶有偶像的意思，所以她不會穿戴上身，另她亦不會跪地奉茶給父母長輩。李牧師，這些對於我來説，只看作尊重中國的習俗，最重要是尊重父母的傳統，但現在聽我朋友所言，令我感到迷惑。你可否給我一點意見呢？

Angel上

Angel：

「龍」與「鳳」是否與偶像有關？在婚禮穿上中國傳統裙褂是否與基督信仰有抵觸呢？另向父母長輩跪地奉茶又是否不恰當呢？這都是非常有趣的問題，盼望我能為您解答清楚。

「龍」與「鳳」都是中國文化的象徵，分別代表男性與女性，尤其「龍」更是華夏民族、神州古國的象徵。其實「龍」是中國古代傳説中的神異動物，並非曾在地球上存在的動物；我們常見熟識的龍是人工造形，好像馬頭、鹿角、蛇身、鷄爪的組合；在中國封建時代皇帝用龍作為他的象徵，故此穿上龍袍便有做皇帝之意。另外，我們常用「龍馬精神」的成語比喻人精神健壯。「鳳」是指鳳凰，亦是古代傳説中百鳥之王，羽毛美麗，後人用「鳳凰」來象徵祥瑞。在古代后妃所戴的帽子，有金銀寶石所做成鳳凰形狀的裝飾。舊時婦女出嫁也用鳳凰做禮帽。今日我們常用「鳳毛麟角」的成語比喻東西珍貴和稀少。以上是一般中國人對「龍」與「鳳」的認識。

從以上的解釋可見，「龍」與「鳳」都已成為我們中國人文化的一部分，甚至我們的用語也已常用這些象徵。雖然中國人在他的民間宗教信仰往往在生活上的東西加上宗教意義(例如用舞龍在一些節日或儀式中)，一般人只是把「龍鳳」這等東西看為中國文化的一部分，毫無宗教的意味。反過來説，龍在啟示錄卻是出現了十二次，是指魔鬼、撒但和敵基督。不過聖經中的「龍」其實是指「怪獸」，象徵以神為敵的勢力，與中國人對「龍」的觀念是截然不同。既然此龍與彼龍完全不一樣，那麼中國人採用中國人象徵的東西與儀式又何妨呢？

如此類推，跪地奉茶給父母長輩不過是中國人婚禮的小小儀式。「跪」是代表晚輩對長輩的尊重，這豈不正正是基督信仰所提倡的嗎？因篇幅所限，我不打算討論這習慣的緣起，但假若我們把它與拜祖先分開，它本身是沒有宗教意義的。Angel，您說得對，這些習慣或傳統是中國人的習俗，而要緊的是尊重父母，讓他們在子女成家立室的那一日能感到子女對他們的尊重與順服。在中國人傳統的觀念中，婚姻與婚禮永遠不是限於新人的事，它是關乎雙方的家庭與家族的事。能使家長高興，感到驕傲自豪何嘗不是一件好事。在這些時候要執著持一己立場往往因小失大。當然我們也要小心不成為他人的絆腳石，因為「凡事都可行，但不都有益處，凡事都可行，但不都造就人」(林前十：23)。在婚禮的事最要緊考慮的還是家人。祝

平靜安穩

主僕

李耀全

基督徒可否追隨歌星偶像？

李牧師：

基督徒可否追隨歌星偶像？我去年在一個網站內認識了一羣教會的人，但她們的行為(如：追星，守候他三、四小時)令我很是困惑，因為她們一方面追星，另一方面又在教會事奉。她們追的歌星曾經消失了一段日子而現在又重現，我的困惑你可為我解決嗎？我怎樣幫助這些人呢？我曾為自己和她們解釋及尋找答案，例如：把他當作是朋友，自小便喜歡他到大就好了(不要沉迷的意思)！你看法如何？

在教會都一段日子的DD上

DD：

自認已不是青年的我，收到這封信時實在有點百感交集。先是「驚」，因為這些青年人的問題我從未想過又怎懂得解答呢!?後是「喜」，因為教會的青年人是有思想的，問的也是非常現實的生活問題，而且願與我這個滿頭白髮的「老」青年分享。深盼我的回應不會令您失望。

到底「追星」是錯抑或對呢？簡單來說，我個人覺得這並不是對錯的問題，乃是現時一般青年人在潮流文化中的行為表現。每一個時代有該時代青年人的偶像，沒有人是追逐過氣的偶像，而當這些偶像過了氣，新的偶像便會出現，吸引新一代的青年人。我是按自己的經驗說的。

昔日當我真正是年青的時候，我也曾沉迷於六十年代和七十年代外國歌星的流行音樂。事實上到如今，這些被稱為Oldies的音樂，仍然是我所喜歡的。故此這一代的青年人有這一代的偶像是不足為奇。分別是昔日我們主要在追逐他們的產品，沒有機會追逐這羣歌星或影星。今日追逐的方法可說是到了瘋狂的地步——除了買他們的產品，更模仿他們的衣著與生活方式、在網上及傳媒追看有關他們的報道與緋聞、花很多金錢看他們的演唱會、在他們出入的地方守候三、四小時希望能近身見他們一面、與他們握手和得到他們的簽名等。這種「瘋狂」的追逐實在是令人擔憂！

「追星」背後的心態是怎樣的呢？心理學家艾理遜指出，青年人的階段乃是尋求自我身分的時候，是找尋自我（我是誰？）或迷亂的危機（Identity vs. Confusion）。在小孩的時候，父母（或照顧他們的人）是他們的英雄，到了少年的時候，他們的老師是他們聽從的對象。但到了青年時期，在朋輩壓力的影響下，他們追隨的卻是娛樂圈所製造的青年偶像！去年謝霆鋒車禍後的法律訴訟事件就是一個好的例子。追逐他的Fans是受他正面抑或負面影響呢？這些青年人對守法與犯法又得到甚麼信息呢？我最關心的是這些青年人除了娛樂外，曉不曉得青年時期是人生打好基礎最重要的時期呢？

故此我一方面認為，有青年偶像本身是成長階段極正常的表現。但與此同時，我卻認為當這些行為完全失控時，它便是青年人迷亂的危機。在這階段有好的榜樣是極之重要，就是無論在學業、康樂、娛樂及信仰都有平衡健康的學習。在教會圈子的青年人，一方面追星，另方面在事奉上則是一種學習生活平衡的過程(當然事奉不可留於表面)。要幫助他們便要先以身作則，一方面在追星上不過分，另一方面在事奉又認真。其實您給您朋友的建議可說是不錯，關鍵是怎樣將生命連於基督過平衡的生活。娛樂若是健康及適可而止，不一定是壞的。

記得很多年前Jesus Christ Superstar的電影登場，當時我也看過。雖然我不同意片中一些對耶穌的詮釋演繹，但我卻覺得人人都想有一個superstar。假若他就是耶穌，那是多麼美妙的事。問題是誰是我們心裏所敬崇的，是這些Pop Stars(歌星、明星)，還是J. C. Superstar主耶穌?! 祝

福杯滿溢

主僕

李耀全

典型家庭問題怎幫忙？

李牧師：

我教會有一位未信主的太太，她是因教會弟兄替她兒子補習而認識教會。她見教會是向善的，因此便隨兒子一起返教會，但後來又因兒子不願返而沒再返。她曾在佈道會中決志，我以為她信，誰不知她只是馬虎地舉手。她已間斷地返了崇拜三、四年，但總是不能信，我們常為她祈禱。

她那中二的兒子十分反叛，每晚打機、上網至凌晨三時，兩人關係甚差。她自己常有偏頭痛及失眠，又擔心兒子學業。她丈夫一向不做家務，兒子全由她管教。近來兒子學業退步，還可能會留班。近來她常埋怨若非找不到容身之所，便一早與丈夫分居。她又常說離婚，但又表示即使家庭如何轉變也不會尋死。

她丈夫也找過一位弟兄，原來他們領取傷殘津貼，丈夫想她出外找工，但她身體差，而且年紀不小，擔心找不到工作，所以丈夫希望教會幫她以免她經常在家發脾氣。李牧師你教我們如何做好呢？

C.Y.上

C.Y.：

在處理這個案時，您先要將兩個不同而又相關的層面分開。教會第一目的是希望這位太太在信仰上能清楚救恩，繼續成長，不要反反覆覆。雖然信仰是最重要，但在這情況卻並非優先。當然若這太太真的信了主而渴慕生活家庭都有改變，這樣會更容易處理問題，因為她已有了徹底改變的動機。但按目前的形勢，機會似乎不大。故此便要從第二層面入手。

教會第二目的是能幫助這位太太的兒子。這中二的少年，無心向學、反叛、與父母關係甚差，且只喜歡打機玩電腦。看來這都是典型青少年的問題，難怪這太太感到束手無策，因為時下青年人的成長是充滿挑戰和困擾，令教養子女更加困難。不過若將焦點放在這小孩身上卻不一定能改變問題，因為我認為這少年的問題其實是整個家庭問題的病徵。假若我們要獨立改變這少年而他的生活處境卻是一樣惡劣，他可能有好改變也不能持久。

除了少年人本身的學業問題，父母的關係亦欠佳，其實已瀕臨破裂，父親又沒有負上應有的責任。但從父親的角度來看，他又認為太太亦沒有盡她的本分而又常發脾氣。公有公理、婆有婆理，誰是誰非，因果難分。這是典型的家庭問題呀！

當然明白問題該如何分析不等於問題就自然得到解決。不過這卻是重要的一步，讓我們知道如何嘗試進一步幫助這家庭。簡單來説，我們要從家庭系統的觀點入手。既然太太和她丈夫都分別找您和弟兄傾訴，為何不嘗試約他們夫婦二人一起傾談？他們都共同關注兒子，故此可以用他作出發點約談。這不是説孩子是唯一的問題，乃是説他可以將整個家庭拉在一起，產生輔導的良機。當夫婦一起出現的時候，您首先要花時間聆聽他們個別的故事，但要盡量保持客觀和中立，用同理心讓傾訴者感到您深入了解他們的苦況，然後提出一個輔導的計劃，避免立刻提出一些即時未成熟的意見，因為輔導並非一朝一夕可以速成。問題的癥結是經過多年而形成，化解亦需要功夫。

處理這個案關鍵在乎改變家庭系統的動力，使家庭運作多年的惡性循環被取替或轉化。例如若這家庭慣性地由太太痛罵他的兒子（因某不良的行為），丈夫隨著為孩子辯護（因補償心態），結果夫婦二人便大吵大鬧，而孩子便可以繼續他的行為，而且變本加厲。要改變這情況，您可以嘗試找出孩子的興趣及專長，與父母一同把發展孩子的專長為家庭共同的目標，而一起努力達成目標。在過程中幫助家庭建立更好的溝通和處理衝突的方法，並且逐一把不同的障礙排除，透過行動和愛心感化家庭每一位成員，讓他們看出基督教家庭的價值觀。屆時福音的門便會為您而打開。願主賜您智慧與力量。祝

與主同行

主僕

李耀全

如何與非基督徒相處？

李牧師：

我是一位中年未婚姊妹，過去的生活主要在工作和教會兩個地方。自今年失業後，我接觸的範圍較大，例如上課和買菜等，也接觸多了非基督徒男性，但我發現我不懂得如何跟非基督徒男性相處。例如在修讀一些短期課程中，當我打扮較好時，多位(已婚)男同學便會興高采烈地跟我談話，但當我沒特別打扮時，他們便對我冷淡。

我很討厭他們的行為，因為失業前工作時需要購買較漂亮的衣服，加上過去因貧窮曾遭人白眼、欺負和侮辱，因此平日出街時總想穿得較好。不過自失業後，都不能花太多錢買這些衣服，而是多穿著較平庸的衣服。

我對這些同學採取冷漠的態度，但他們知我是基督徒，我又不想失見證做一個沒有包容的人。李牧師，我如何跟這類人相處，並且不流露厭惡的面容？此外，我過去因遭人白眼以致在出街時想穿得較好，是否一種心結，我該如何才可解開這種心結？

裘上

裘：

裘，看來您過去因為您家境清貧而曾遭人白眼、欺負和侮辱所留下的陰影至今仍然影響著您，甚至可說是不斷影響您的自信。您自我形象因此嚴重受挫，尤其是常常對別人的眼神和人對您的態度特別敏感。因此您過往用好的打扮希望避免再遇上這種經驗和感受，可惜您換來的卻是一些不想得到的注意(已婚男士)。您不嚮往以外表吸引異性的虛榮，因您不喜歡別人以貌取人。令您更煩惱的是如何在這些人面前不表露您對他們這種態度的厭惡，因您認為此舉會令您失見證。您正在諸般的矛盾當中！這亦是要為主而活的挑戰！

要解開您這心結要首先回到您的核心信念，嘗試糾正一些因為童年及成長經驗所帶來的一些負面思想和感受。生長在貧窮的家庭並不是罪，窮的人亦可以活得有尊嚴。別人瞧不起您(因您衣著簡樸)，其實反映的是這些人以貌取人的膚淺。事實上他們若因自己比別人富有而就以為比別人高貴或高人一等便是自欺欺人，不值得我們留意，也不能真正影響我們如何看自己。我們也不要過分與人作比較，人人都會發覺自己是比上不足，比下有餘。常常將自己與下的人比較會令我們驕傲；常常與上的人比較會令我們自卑。若真的要比較就讓我們比下時感恩，比上時發奮！耶穌在世的時候也同樣像您受人白眼的看待，因為祂來自一窮鄉僻壤(拿撒勒)，生長在一個窮木匠(約瑟)的家庭。但祂從來沒有因此自卑，因為祂清楚知道自己的身分是尊貴的。

裴，您可以抬起頭來生活，因為您是上帝以祂自己的形象所造成的，並且是復活的主所救贖的，而您身體是聖靈的殿（林前六：19），故此您也是尊貴的！您可以充滿自信，因為神不像人，不會以貌取人。您在教會和工作上受人接納，在外一樣不怕人如何看您。因基督活著，您可以充滿自信！

至於衣著方面，我並不是女性，故亦不熟悉何謂時尚的衣著，甚麼才是漂亮、甚麼才是平庸，但重要的可能並不是在乎衣著的價格，乃是在衣著是否稱身配合各人不同身形與特徵，帶出神創造人的自然美。衣著打扮不是為別人，最重要的是自己感到舒服合宜得體，也要有好的品味（參箴卅一：21-22，25，30）。還有，您若是一個開心有自信的人，雖然穿上最樸素的衣服，也會顯出您真正的內在美和您真正的價值。

社會必定有以貌取人的人。我認為您並不需要刻意避開他們，也不一定要刻意為要與他們相處而放下您的原則。若您穿得較為樸素時他們會冷落您，就由他們吧，反正與他們交友價值不大。在這些人中，您最好的見證就是以真誠待人，用溫柔和善的態度與人相處。您不能改變別人，卻可以改變自己。不能再寫了，願主保守您，並且讓您早日找到工作。祝

愛主更深

主僕

李耀全

《時代論壇》簡介

創辦於一九八七年的《時代論壇》，是一份應時代需要而出版的週報，由一群對香港教會有承擔的牧者及信徒所發起，主要目標是在這急速轉變的時代中，提供時事和社會分析，輔助信徒洞察時變，積極回應時代的需要，發揮基督徒先知的責任；同時希望能建立資訊網絡，迅速傳遞信息，並促進教會彼此聯繫、建立共識、互相支援。

《時代論壇》創刊時，其角色和使命都十分清晰，它從來就不是市場主導的產物。在無休止的紛爭、矛盾和負面的資訊世界中，《時代論壇》仍舊以單純的信念，理性的思辯，以耶穌基督的心為心，用心去報道及評論，並提供互動空間，彼此豐富和勸勉。

《時代論壇》由資深報人李錦洪先生任社長兼總編輯，逢星期日出版，印刷版及網上版（網址：http://www.christiantimes.org.hk）同步發行，讀者超過四萬人。

「在講求競爭化的年代，我們憑甚麼和別人競爭？力量，來自過去；力量，源於三一真神的應許。」（李錦洪，〈社長的話〉，載於《時代論壇》網站。）

時代論壇訂閱表格

姓名：（英文）＿＿＿＿＿＿＿＿＿＿＿＿＿＿

（中文）＿＿＿＿＿＿＿＿＿＿＿＿＿＿

地址：＿＿＿＿＿＿＿＿＿＿＿＿＿＿＿＿＿＿

＿＿＿＿＿＿＿＿＿＿＿＿＿＿＿＿＿＿＿＿＿

＿＿＿＿＿＿＿＿＿＿＿＿＿＿＿＿＿＿＿＿＿

電話：（日）＿＿＿＿＿＿＿（夜）＿＿＿＿＿＿＿

電郵：＿＿＿＿＿＿＿＿＿＿＿＿＿＿＿＿＿＿

付款方法：

☐支票付款，支票號碼：＿＿＿＿＿＿＿＿＿＿

劃線支票抬頭請寫「基督教時代論壇有限公司」或「CHRISTIAN TIMES LTD」，連同此表格寄回本報。

☐現金直接存入匯豐銀行户口：042-228890-001 或中國銀行户口：012-740-0-000883-5，並將銀行收據連同此表格寄回或傳真至本報。

☐信用卡付款：卡主英文姓名：＿＿＿＿＿＿＿＿＿＿

信用卡號碼：☐☐☐☐☐☐☐☐☐☐☐☐☐☐☐☐

☐Visa ☐Master

信用卡到期日＿＿＿月＿＿＿年

本人願意奉獻HK$ ＿＿＿

(奉獻金額不能代替訂費，可獲發豁免稅收據)

		香港／澳門	東南亞	其他／日本
印刷版一年52期訂費	普通訂戶	☐ HKD350	☐ USD60 ☐ HKD450	☐ USD70 ☐ HKD550
	名譽訂戶	☐ HKD1000	☐ USD100	☐ USD200
	本地全時間學生／神學生 ☐ HKD250 （必須附有效學生證副本）			
凡續訂印刷版者，可以優惠價 ☐ HK$ 20加訂網上版（必須填上電郵）				
網上版一年52期訂費 ☐ HK$100 網址: http://www.christiantimes.org.hk				

本刊填寫：

訂戶號碼：＿＿＿＿＿＿

屆滿日期：＿＿＿＿＿＿ 新屆滿日期：＿＿＿＿＿＿

本報地址：九龍荔枝角道808號
好運工業中心1206室

傳真號碼：27858335

查詢電話：27857688

時代論壇書系

輔助信徒洞察時變，積極回應時代的需要，發揮基督徒先知的責任。

眾聖頌禱

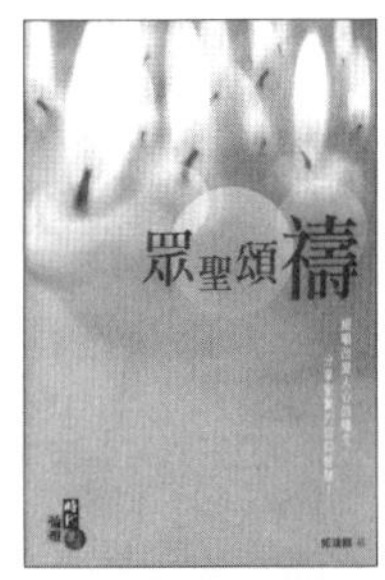

郭鴻標著／HK$63

禱告，是基督徒的重要靈糧。昔日眾聖徒的禱告，更是現今基督徒的寶貴借鑒。如果你的禱告生活已乏味多時，不妨翻開這書，細嚼歷代聖徒與上帝的對話；而文章末的默想部分，更可將禱文的精髓引伸至今天你和我經歷的處境，讓我們審視個人的屬靈光景。

香港我愛

時代論壇主編／HK$48

疫境重生——一起走過非典型歲月

時代論壇主編／HK$53

風雨十載行——《時代論壇》社評選輯

時代論壇編／HK$85

教會事工系列　伴您作多方面裝備，服事教會！

心靈關顧——
修正基督徒的培育和輔導觀念
Care of Souls: Revisioning Christian Nurture and Counsel

貝內爾（David G. Benner）著／HK$83

聆聽就是關懷？不斷提意見也是關懷？何謂以心靈成長作為關懷焦點？貝內爾結合了不少屬靈操練的元素與心理治療的技巧，送給現代的基督徒一套適切又創新的心靈關顧模式！

此時此道

孫寶玲 著／HK$58

敬拜迷宮——尋找適合你教會的敬拜模式 Worship Maze

保羅．巴士敦（Paul Basden）著／HK$58

屬靈生命的素質——聖靈果子研讀本（組長本）
The Quality of a Spiritual Life: Fruit of the Spirit Bible Studies

施家倫（Peter Scazzero）等著／HK$98

屬靈生命的素質——聖靈果子研讀本（組員本）
The Quality of a Spiritual Life: Fruit of the Spirit Bible Studies

施家倫（Peter Scazzero）等著／HK$78

教會活用軟件小幫手

張漢強著／HK$43

教會上網小幫手

張漢強著／HK$43

信主之後（附研讀指引）

梁家麟著／HK$78

人際衝突與靈命塑造

陳校慈著／HK$48

創意處理衝突 Managing Conflict Creatively

唐納德 C. 帕爾默（Donald C. Palmer）著／HK$58

聖經的研讀與教導

張修齊著／HK$63

290

讀者意見表

時代論壇
CHRISTIAN TIMES LTD

www.logos.com.hk　www.christiantimes.org.hk

衷心多謝你購買本書籍。為使我們的出版更能滿足你的需要，請填寫下列各項資料，並寄回或傳真予我們。

所購書籍：______

本書最吸引你的地方：
☐作者　☐適切性　☐文筆　☐設計　☐實用性
☐其他：______

購買本書地點：
☐基道書樓　☐基督教書店　☐非基督教書店
☐《時代論壇》網站

性別：☐男　☐女　職業：______

信仰：☐基督徒　☐非基督徒

年齡：☐ 16 歲或以下　☐ 17～25 歲　☐ 26～35 歲
☐ 36～55 歲　☐ 56 歲或以上

學歷：☐中三或以下　☐中五　☐預科　☐大學　☐研究院

是否**《時代論壇》**讀者？　☐是　☐否

☐我欲更多了解**基道出版社**的事工及考慮支持，
請寄給我下列資料：
☐機構簡介　☐新書資料　☐基道會員通訊

姓名：______ 電話：______

地址：______

______

傳真：______ 電子郵件：______

其他意見：______

______

多謝賜教！

意見表可以傳真（2785-8335）或直接郵寄以下地址：
香港九龍荔枝角道808號好運工業中心1206室
基督教時代論壇週報編輯部收